Gunter Schmidt
Das neue Der Die Das

Sachbuch Psychosozial

Gunter Schmidt

Das neue
Der Die Das

Über die Modernisierung des Sexuellen

Psychosozial-Verlag

Bibliografische Information der Deutschen Nationalbibliothek
Die Deutsche Nationalbibliothek verzeichnet diese Publikation
in der Deutschen Nationalbibliografie; detaillierte bibliografische Daten
sind im Internet über http://dnb.d-nb.de abrufbar.

4., komplett überarbeitete und aktualisierte Neuauflage 2014
© 2014 Psychosozial-Verlag
Walltorstr. 10, D-35390 Gießen
Fon: 0641-969978-18; Fax: 0641-969978-19
E-Mail: info@psychosozial-verlag.de
www.psychosozial-verlag.de
Umschlaggestaltung & Satz: Hanspeter Ludwig, Wetzlar
www.imaginary-world.de
Druck: CPI books GmbH, Leck
Printed in Germany

ISBN 978-3-8379-2325-4

Inhalt

1. Moral von unten

Der französische Schriftsteller Michel Houellebecq schildert in seinem Roman *Elementarteilchen* ein FKK-Feriencamp. Morgens liefern die Paare ihre Kinder in pädagogisch versorgten Abenteuerspielplätzen ab und begeben sich in die Dünen. Dort sonnen sie sich, haben Sex oder sehen anderen Paaren beim Sex zu. Oft bildet sich ein Kreis von Zuschauern um ein kopulierendes oder sich liebkosendes Paar, die Zuschauer onanieren (oder auch nicht) und es kommt nicht selten vor, dass eine Frau sich von ihrem Partner abwendet und einen anderen zu Oralsex oder Penetration einlädt. Singles werden freundlich akzeptiert. Ein wüstes, aber zugleich ruhiges, fast kontemplatives Treiben.

Houellebecq interessiert sich nicht so sehr für die laszive, libertine Seite seiner Szene, sondern für etwas anderes, und das beschreibt er so:

>»Was überrascht ist die Tatsache, dass solch unterschiedliche sexuellen Aktivitäten [...] dort stattfinden können, ohne die geringste Gewalt, geschweige denn den leisesten Verstoß gegen die Höflichkeit hervorzurufen [...]. Jede Annäherung setzt die – zumeist ausdrückliche – Einwilligung der Beteiligten voraus. Wenn eine Frau sich einer nicht erwünschten Liebkosung entziehen will, deutet sie es einfach mit einer Kopfbewegung an – und ruft damit augenblicklich bei dem Mann eine förmliche, fast komische Entschuldigung hervor« (Houellebecq 1999, S. 249f.).

Nun können sich einen Urlaub im Camp von Cap d'Agde, wo die Geschichte spielt, nur einige Wenige leisten, und noch weniger gehen den dort beschriebenen exaltierten Sexualgewohnheiten nach. Und doch ist die Houellebecq'sche Szene in ihrer Mischung aus Zügellosigkeit und Zivilität, aus Triebhaftigkeit und Artigkeit, aus Chaos und differenzierter Ordnung, aus Entgrenzung und hoher Sensibilität für Grenzen durchaus typisch für heutige Sexualverhältnisse. Was ist geschehen?

Demokratisierung der Moral

Der Hintergrund dieser Entwicklung ist schnell beschrieben. Zwei Diskurse bestimmen die heutigen sexuellen Verhältnisse in den westlichen Industriegesellschaften. Zum einen der *liberale Diskurs* der 1960er und 1970er – die »sexuelle Revolution« –, der sexuelle Tabus hinwegfegte, die in einer demokratischen Gesellschaft von Konsumenten längst störten. Zum anderen der *Selbstbestimmungsdiskurs* der 1980er Jahre, der den freien »deregulierten« Liebesmarkt, der durch die Liberalisierung entstanden war, zivilisierte und männliche Dominanz und männliche Definitionen auf diesem Markt kontrollierte. Der Selbstbestimmungsdiskurs wurde von Frauen und der Frauenbewegung zum Tanzen gebracht, thematisierte sexuellen Zwang/sexuelle Gewalt in allen ihren Gestalten, Verkleidungen und Verdünnungen (Vergewaltigung, Pornografie, sexueller Missbrauch, sexuelle Belästigung, Sexismus im Alltag und in den Medien) – *und brachte zugleich,* als Nebenfolge, einen neuen Sexualkodex hervor, einen Kodex, der nicht alte Verbote neu installieren, sondern der den sexuellen Umgang friedlicher, kommunikativer, berechenbarer, rationaler verhandelbar, herrschaftsfreier machen oder regeln soll.

Das Ergebnis dieser moralischen Modernisierung habe ich »Verhandlungsmoral« (vgl. Schmidt 1998a), andere »Konsensmoral« (vgl. Sigusch 2001) genannt. Die alte Sexualmoral der Kirchen und des Staates war eine Moral der Akte und qualifizierte bestimmte sexuelle Handlungen – zum Beispiel voreheliche oder außereheliche Sexualität, Masturbation, Homosexualität, Oralverkehr, Verhütungsverkehr oder was auch immer – *prinzipiell* als böse, weitgehend unabhängig von ihrem Kontext (vgl. Weeks 1995). Verhandlungsmoral dagegen bewertet nicht sexuelle Handlungen oder Praktiken, sondern die Art und Weise ihres *Zustandekommens*, also Interaktionen. Sie hat klare liberale Züge. Ob hetero- oder homosexuell; ehelich oder außerehelich; mit Liebe oder ohne; genital, oral oder anal; zart oder ruppig; bieder oder raffiniert; sadistisch oder masochistisch – all das ist moralisch ohne Belang. Von Belang ist, dass es *ausgehandelt* wird. Und selbst Abstinenz kann sexualmoralisch wieder zu Ehren kommen, verkleidet als »neue Keuschheit«, diesmal aber als freiwillige, optionale Haltung.

Das bedeutet einen radikalen Wechsel im Hinblick darauf, wer das Richtig oder Falsch bestimmt: Nämlich nicht mehr die Institutionen, also die Kirchen oder der Staat, sondern die Akteure. Insofern ist die Verhandlungsmoral demokratisch, sie ist ein »Grassroot«-Phänomen, eine »Moral von unten«. Die Institutionen verkünden zwar noch Moralen, besonders prägnant die katholische Kirche (»kein Sexualverkehr außerhalb der Ehe und ohne reproduktive Chance«), aber diese sind für die allermeisten Menschen, auch für die Gläubigen, auf eine fast schon spektakuläre Weise nicht mehr handlungsrelevant, zumindest in den westlichen Industriegesellschaften. So haben zum Beispiel katholische Jugendliche ihren ersten Geschlechtsverkehr heute genauso früh wie protestantische oder konfessionslose und zum Glück verhüten sie genauso gut wie jene; und wenn junge katholische Frauen unter 18 Jahren ungewollt schwanger werden, entscheiden sie sich genauso oft für einen Abbruch wie die protestantischen und die konfessionslosen (Matthiesen et al. 2009, S. 65f.).

Die zentrale Wertvorstellung der »Moral von unten« ist die sexuelle Selbstbestimmung. Nicht mehr der nichteheliche Geschlechtsverkehr ist eine Sünde, sondern die »sexuelle Freiheitsberaubung« (Zielcke 2011, S. 9); nicht mehr der Verhütungsverkehr ist moralisch problematisch, sondern der ungeschützte Verkehr mit einer schlaftrunkenen Partnerin entgegen der Vereinbarung »nur mit Kondom«. Die Verhandlungsmoral hat unsere Sensibilität für Übergriffe und

Grenzverletzungen außerordentlich geschärft, und zwar in einer Art und Weise, wie es die alte Moral der Kirchen nie vermochte. Ihr galt, polemisch gesagt, alles nur als Unzucht, ob man nun vor-, oder außerehelich, gleichgeschlechtlich, kontrazeptiv oder pädosexuell verkehrte. Das ist ein Grund dafür, warum die alten Missbrauchsfälle der Kirchen erst jetzt und in der Regel von außen zur Sprache gebracht werden (vgl. Amendt 2010; vgl. auch Amendt et al. 2011).

Wie jede Moral kann natürlich auch die Verhandlungsmoral bigott entgleisen. Dann werden »Sittsamkeitstüten« (*Süddeutsche Zeitung* vom 10./11. August 2013, Nr. 69, S. 1) über das ganz alltägliche Leben gestülpt, zum Beispiel wenn großväterlich verunglückte Flirt- oder Anmachversuche älterer Politiker oder sonstiger Männer zu Tumulten in den Medien führen. Und die neue Moral kann auch auf eine archaische Art und Weise in Erscheinung treten, wie die Wiederkunft des Begriffs »Kinderschänder« belegt, der heute von der *Bildzeitung* so umstandslos benutzt wird wie von den Moderatoren der *Tagesthemen* oder den Journalisten von *Spiegel* oder *Süddeutsche Zeitung*. Der Begriff will Entsetzen über Täter und Tat ausdrücken, trifft aber auch die Opfer. Die Kinder wurden nicht geschändet, sie sind nicht von Schande gezeichnet, sondern sie wurden missbraucht, manipuliert, ausgebeutet, vergewaltigt, vielleicht sogar getötet.

Perversionen und Lebensstile

Houellebecqs Szene ist ein extravagantes Beispiel für verhandlungsmoralisch regulierte Sexualität. Er macht keinen Hehl aus seiner Abscheu gegen das, was er verächtlich die »sozialdemokratische Sexualität« nennt. Ich sehe das weniger düster, sondern halte die Konsequenzen der Verhandlungsmoral für ebenso radikal wie bemerkenswert. So wird die »normale« Sexualität, Heterosexualität, zu einem von vielen Lebensstilen (wenn auch nach wie vor dem häufigsten), eine von vielen möglichen Arten, sexuell zu sein. Die sexuellen Perversionen, oder das, was man vordem so nannte, verschwinden von der Bühne, nur um sie als Lebensstile wieder zu betreten. Homosexualität war bis zu Beginn der 1970er noch als Perversion und Krankheit in den Diagnoseschlüsseln der Psychiatrie zu finden und wurde dann sehr schnell und mit kräftiger Hilfe der Schwulenbewegung von einer Abirrung zu einer Art, sexuell anders zu sein und zu einem Beleg für die Vielfalt menschlicher Sexualität (Simon 1995). Sadistinnen und Masochisten versichern heute in zahllosen Features und Talkshows, dass es um maßvolle, *vereinbarte* Torturen geht, um Verhandlung und Konsens, und stehen kurz vor der Entlassung aus der Perversion. Und: Aus Fetischen werden Sexspielzeuge, die jeder und jede benutzen kann.

Nur noch solche sexuellen Besonderheiten, die die Verhandlungsmoral inhärent verfehlen, z. B. die Pädophilie wegen des Machtungleichgewichts der Partner, bleiben als Perversion erhalten und werden heute unnachsichtiger ausgespäht und verfolgt als früher (vgl. Schmidt 1999). Die periodisch aufflammenden öffentlichen Pädophilie- und Missbrauchsdebatten der letzten 30 Jahre machen übrigens noch einmal deutlich, dass, wie schon gesagt, Verhandlungsmoral auf zwei zeitlich verschobenen, aber miteinander verwobenen Diskursen beruht: dem früheren, noch ungebremst liberalen Diskurs und dem später einsetzenden Selbstbestimmungsdiskurs (vgl. S. 8). In den 1980ern standen bei einigen (links-)liberalen politischen Gruppen (z. B. Die Grünen, FDP) und Medien (z. B. *taz*, *Die Zeit*, *Der Spiegel*) (vgl. u. a. Walter/Klecha 2013; Brauck 2013) und einigen Sexualwissenschaftlern (z. B. dem Autor dieses Buches) (Schmidt 1989; Revision in Schmidt 1999) die Idee im Vordergrund, sexuelle Minderheiten, auch Pädophile, so weit wie möglich zu entkriminalisieren. Mit dem Vordringen des Selbstbestimmungsdiskurses und der Sensibilisierung für Gewalt, Zwang, Übergriffe und Manipulation in sexuellen Verhältnissen wurden solche Positionen, wie die gegenwärtige Debatte (Sommer 2013) zeigt, obsolet und empörend. Die ersten konsensmoralischen Einsprüche gegen die Verharmlosung sexueller Beziehungen zwischen Erwachsenen und

Kindern kamen übrigens schon vor mehr als 30 Jahren von einem 1968er und einer Feministin, nämlich Günter Amendt und Alice Schwarzer (vgl. Amendt 1980; Schwarzer/Amendt 1980).

Ein Kuss ist nur ein Kuss

Verhandlungsmoral setzt so ganz nebenbei die alte Automatik sexueller Interaktion nach dem Schema »wer sich küssen lässt, will auch mehr«, auf die sich Männer oft beriefen, außer Kraft. Sie erfordert (siehe Houellebecq) eine besondere Sensibilität der Akteure für verbal und nicht-verbal gezogene Grenzen und geäußerte Wünsche des anderen und damit Selbstreflexivität und Interaktionsreflexivität. Frauen (und Männer) behalten nun die Entscheidungs- und Definitionsmacht auf jeder Stufe einer erotisch – sexuellen Interaktion. Nun gilt: Ein Kuss ist nur ein Kuss, eine wilde Liebkosung nur eine Liebkosung, eine Einladung, nach einer Diskonacht noch mit »nach oben« zu kommen, nur die Einladung auf einen Schluck Wein oder Kaffee, nicht mehr oder zumindest nicht notwendig mehr. Das Zusammenbrechen der alten Automatik sexueller Interaktion gibt Frauen mehr Freiräume für Initiative und sexuelle Offensivität und erlaubt Männern eine entspanntere und defensivere Rolle. Beides setzt erhebliche Veränderungen in der Mann-Frau-Sexualität in Gang – und geht einher mit einer veränderten Rechtsauffassung in Vergewaltigungsprozessen.

Dies wird an einem Gerichtsfall deutlich, der vor einiger Zeit in England eine wochenlange und hitzige öffentliche Debatte auslöste (vgl. Hollway/Jefferson 1998). Eine Studentin hatte einen Kommilitonen wegen Vergewaltigung angezeigt. Beide kannten sich seit zwei Jahren, waren eng befreundet, sahen sich oft und redeten über beinahe alles. Sie hatten nie miteinander geschlafen, wohl aber sich herzhaft geküsst und heftig miteinander geschmust. Mehr wollte sie nicht, das würde das Besondere und Intime ihrer Beziehung zerstören. Er war traurig darüber, fand sich aber damit ab, auch damit, dass sie häufig mit ihr nur flüchtig bekannten Männern schlief – Männer, von denen sie sonst nichts wollte. Eines Abends waren sie in einem Studentenlokal. Sie hatte ausgiebig gezecht, er brachte sie deshalb nach Hause und ins Bett. Als er gehen wollte, schlug sie ihm vor, sie zu küssen. Es folgte heftiger Sex, etwa eine Stunde lang. Er habe, so seine Aussage, sie dabei wiederholt nach ihrer Bereitschaft gefragt, sie habe ihn gedrängt weiterzumachen. Am nächsten Morgen wachte sie auf, sah ihn neben sich liegen, fragte entsetzt, ob er mit ihr geschlafen habe, und geriet außer sich, als er dies erstaunt bejahte. Sie fühlte sich verraten, maßlos enttäuscht und zeigte ihn an. Vor Gericht sagte sie, dass sie durch den Alkohol ihrer Sinne nicht mächtig und gar nicht in der Lage gewesen sei, einzuwilligen.

Die Geschichte ist in der Lage, alte Klischees zu bedienen: Die aufreizende und verräterische Frau, die den »armen Kerl« ins Verderben stürzt. Doch solche Klischees spielten eine erstaunlich geringe Rolle in der öffentlichen Debatte. Diese hatte viele Facetten, aber sie kreiste um *ein* Thema: Was ist Konsens in einer sexuellen Situation? Ist ihre Bereitschaft und ihr sexuelles Verlangen in der beschriebenen Situation als Zustimmung zu werten? War sie zu betrunken, um überhaupt zustimmen zu können? Kann ihre lange gültige Übereinkunft – Beziehung und Intimität ja, Geschlechtsverkehr nein – in einer ad hoc Situation einfach außer Kraft gesetzt werden? Konsens ist eine komplexe Sache, aber entscheidende Grundlage moralischer, hier rechtlicher, Überlegungen. Die Argumentationsfigur, Frauen in aufreizender Kleidung und Frauen, die sich nicht wehren, haben »selber Schuld«, verschwindet, und wenn ein Gericht heute noch einmal danach verfährt, dann ist das selbst der *Bildzeitung* eine empörte Schlagzeile wert. Dies zeigt, wie weit sich Verhandlungsmoral auch im rechtlich-politischen Raum durchgesetzt hat – übrigens auch (allerdings spät) in der Strafgesetzgebung: Seit den 1990ern sind auch in der Bundesrepublik hetero- und homosexuelle Handlungen strafrechtlich gleichgestellt (seit 1994) und die Vergewaltigung in der Ehe steht unter Strafandrohung (seit 1997).

»Intimate citizenship«

Verhandlungsmoral ist ein idealtypisches Konstrukt. Sie ist nur moralisch, solange gleich starke, das heißt ökonomisch, emotional oder sonstwie *nicht erpressbare* Partner beteiligt sind. Für heterosexuelle Beziehungen setzt sie also gleichberechtigte und gleich starke Frauen und Männer voraus. Da wir uns noch auf dem Wege zu solchen Verhältnissen befinden, verläuft der von mir skizzierte Wandel voller Widersprüche: Neukodifizierung und Demokratisierung heterosexueller Beziehungen einerseits; andererseits weiterhin unübersehbar Aggression, Machtausübung und Gewalt von Männern gegenüber Frauen. Unsere Untersuchungen mit Studentinnen und Studenten beispielsweise, also mit einer Gruppe, in denen Verhandlungsmoral wegen der Gleichwertigkeit der Partner an Ausbildung und Einkommen eine besonders gute Chance hat, zeigen beides: Ein hohes Ausmaß an Sensibilität für Selbstbestimmtheit in sexuellen Situationen *und* eine hohe Verbreitung von Übergriffs- und Gewalterfahrungen von Frauen (Matthiesen/Dekker 2000): Jede dritte Studentin war in den zwölf Monaten vor der Befragung zumindest einmal sexuell belästigt worden; jede Fünfte war in ihrem Leben – als Kind, Jugendliche oder Erwachsene – schon einmal zu einer sexuellen Handlung, die sie nicht wollte, gezwungen worden (allerdings nur in Ausnahmefällen von ihren Partnern); fünf Prozent berichteten über eine Vergewaltigung. Ähnliche Tendenzen – Zivilisierung der Sexualität und Fortbestehen von Zwang – sehen wir auch bei Patientinnen, die uns wegen sexueller Lustlosigkeit konsultieren (Schmidt 1998b). Die Durchsicht alter Therapieberichte aus den 1970er Jahren zeigt, dass damals fast 80% dieser Frauen zumindest gelegentlich, fast die Hälfte sogar mehrfach monatlich lustlos und widerwillig den an ihnen vollzogenen Koitus ertrugen. Heute leben viel mehr lustlose Paare abstinent – aber eben auch nicht *alle*. Die Frauen sagen deutlicher »nein« und die Männer respektieren dies öfter. Verhandlungsmoral wird sichtbar, aber auch ein anderes Verständnis von Sexualität: als gemeinsames, intimes, auf beidseitige

Befriedigung gerichtetes Erleben, nicht als Beute des Mannes oder zu seiner Triebentsorgung.

Das Verschwinden der Sexualmoral, allgemeiner gesprochen: die fortgeschrittene Enttraditionalisierung von Sexual-, Beziehungs- und familiären Verhältnissen, hat britische Soziologen dazu bewegt, eine sexualpolitische Vision zu entwickeln, die das Gewirr der Optionen zugleich gewährleisten und wohl auch ein wenig ordnen soll. *Intimate citizenship* nennen sie diese Vision (vgl. Plummer 1997; Weeks 2003, Kap. 5; zur Soziologie sexueller Normen vgl. auch Lautmann 2002, 2004). Dieser Begriff ist schwer zu übersetzen, am ehesten noch mit »Bürgerrechte in der Intimsphäre« zu umschreiben. *Intimate citizenship* beschreibt eine auch im Sexuellen zivile und demokratische, radikal-pluralistische und radikal-tolerante Gesellschaft, in der gleichberechtigte Individuen »Intimität« selbstbestimmt, aber die Grenzen anderer achtend, leben und regeln. Intimität wird dabei breit definiert und umfasst sexuelle Präferenzen, Orientierungen und Vorlieben, Beziehungsformen, Formen des Zusammenlebens mit Kindern, Formen der Elternschaft (zum Beispiel schwules oder lesbisches »parenting«) und Versionen von Männlichkeit und Weiblichkeit. Der oder die bewusst abstinent Lebende wird so wenig diskriminiert wie der oder die Ausschweifende, die »Treuen« sowenig wie die »Untreuen«, die Monosexuellen sowenig wie die Ambisexuellen, die Dirne so wenig wie der Freier, die alleinerziehende Mutter sowenig wie der schwule Vater oder die Hausfrauenmutter, alle finden sozusagen ihre Heimat in der Vielfalt. *Intimate citizenship* ist der ethisch-politische Überbau der »von unten« entstandenen, von den Leuten gemachten Verhandlungsmoral. Auffällig ist nur, dass sich heute Soziologen für diesen Überbau zuständig fühlen. Dies zeigt noch einmal, wie bedeutungslos die traditionellen und normsetzenden Institutionen geworden sind, zumindest im Bereich des Sexuellen.

2. Spätmoderne Beziehungswelten

»Ich denke gar nicht daran, mich dafür zu entschuldigen, dass ich seit 34 Jahren verheiratet bin und drei Kinder mit *einer* Frau habe« – sagte der Kanzlerkandidat im Bundestagswahlkampf 2002 gleich in mehreren Reden. In einem Wahlkampf-Interview antwortete der mehrfach geschiedene damalige Kanzler auf die ein wenig süffisante Bemerkung einer Journalistin, er habe ja viele Erfahrungen mit Frauen, breit lachend: »An Monogamie lass ich mich von Niemanden übertreffen.« Monogamie bei vielfacher Ehe auf der einen, die trotzig verweigerte Entschuldigung für das, was manche für ein Modernisierungsdefizit halten könnten, auf der anderen Seite, das sind Schlaglichter von höchster Stelle: Liebesbeziehungen, Ehe und Familie sind in Unordnung geraten.

Schon der Blick auf einfache demografische Daten zeigt gravierende Veränderungen in den Beziehungsmustern von Männern und Frauen in den letzten fünf Jahrzehnten (vgl. Peuckert 2012): Die Heiratsneigung nimmt ab. Die Wahrscheinlichkeit eines jungen Erwachsenen, mindestens einmal in seinem Leben zu heiraten, sinkt; das Heiratsalter (erste Heirat) hat sich in den letzten 50 Jahren um durchschnittlich fünf Jahre erhöht. Paare haben weniger Kinder, 1960 waren es noch durchschnittlich 2.4, heute sind es nur noch 1.3. Ehen sind instabiler geworden, die Scheidungswahrscheinlichkeit hat sich in den letzten 50 Jahren auf etwa 40% verdreifacht. Weniger, spätere und kürzere Ehen schaffen den zeitlichen Rahmen für nichtkonventionelle Partnerschaften (feste Beziehung, ohne zusammen zu wohnen, »living apart together« genannt; unverheiratet zusammen wohnen, »cohabiting« genannt). Die Zahl der nicht-ehelich geborenen Kinder nimmt zu und mehr und mehr Kinder wachsen in Familien auf, in denen die Eltern getrennt sind. Die genannten Trends gelten nicht nur für die Bundesrepublik, sondern für alle Länder der EU (und natürlich auch für die USA und Kanada), also zum Beispiel auch für überwiegend katholische Länder wie Spanien, Portugal oder Italien. Es handelt sich um globale Prozesse in den westlichen Industriegesellschaften.

Diesseits der Ehe

Nachdem die Ehe ihr Monopol verloren hat, Sexualität zu legitimieren, verliert sie nun ihr Monopol, Beziehungen und Familien zu definieren. Die eben zitierten amtlichen Statistiken liefern wichtige, aber unvollständige Informationen über diese Veränderungen. Sie unterschätzen die Dynamik des sozialen Wandels, da sie nur über die traditionelle Form des Zusammenlebens, nämlich die Ehe, und nur über die traditionelle Form der Trennung, nämlich die Scheidung, Auskunft geben. Entsprechend werden in diesen Statistiken wichtige Teile der Beziehungswirklichkeit ausgeblendet. Zwei Zahlen aus unserer Studie *Spätmoderne Beziehungswelten* (Schmidt et al. 2006) mit großstädtischen Frauen und Männern sollen dies vorweg erhellen: Von den rund 2.600 festen Beziehungen, über die unsere 776 Befragten berichteten, waren nur 23% ehelich; und von fast 2.000 Trennungen, die sie im Lauf ihres Lebens erlebt hatten, waren nur 9% Scheidungen.

In unserer Studie interviewten wir Männer und Frauen aus Leipzig und Hamburg, die 1942, 1957 oder 1972 geboren und somit zum Zeitpunkt der Erhebung 60, 45 oder 30 Jahre alt waren, über ihre Beziehungs- und Sexualgeschichte. Betrachten wir zunächst, wie sich die Beziehungsmuster der Hamburger im *frühen Erwachsenenalter* verändert haben (Abbildung 1). Von den 1972 Geborenen sind im Alter von 30 Jahren nur noch eine Minderheit verheiratet; die überwiegende Mehrheit lebt in nicht-konventionellen Lebensformen, sie sind »apart together« oder wohnen unverheiratet zusammen. Bei den 1942 Geborenen war am Ende des dritten Lebensjahrzehnts die Ehe noch die Regel, die nicht-konventionellen Formen die Ausnahme. Die 1957 Geborenen liegen dazwischen, sind also konventioneller als die Jüngeren und unkonventioneller als die Älteren. Dies bedeutet, dass der Wandel der Beziehungsmuster ein »ongoing process« ist. Bei den Leipzigern finden sich die gleichen Trends, allerdings sind bei ihnen in allen Gruppen mehr verheiratet als in Hamburg. Zwischen Frauen und Männern hingegen finden sich keine Unterschiede. Zudem sind Beziehungen mobil und seriell geworden: Heute 30-Jährige haben schon mehr feste Beziehungen hinter sich als 60-Jährige in ihrem viel längeren Leben.

Die Daten belegen, dass der Umbruch im Beziehungsverhalten junger, großstädtischer Erwachsener in den letzten 30 Jahren massiv gewesen ist. Allerdings betrifft der Wandel nur die *Organisationsformen* von Beziehungen, nicht die *Beziehungsneigung* oder *-bereitschaft*. Diese ist ziemlich ungebrochen, weshalb von einer Vereinzelung der Gesellschaft nicht gesprochen werden kann (wie es manche tun, deren Blick all zu sehr auf die Zunahme der Einpersonenhaushalte gerichtet ist, und die nicht bedenken, dass sich viele Alleinwohnende »living apart« zugeneigt und verbunden fühlen). Allerdings leben die 30-Jährigen heute häufiger single als vor drei Jahrzehnten. Aber auch dies ist kein Symptom für Vereinsamung, sondern Ausdruck ihres relativ hohen Beziehungswechsels: In einer Gruppe, in der Beziehungen stark fluktuieren, wird man immer auch einen großen Teil von Männer und Frauen finden, die »gerade mal wieder« single sind. Der aktuelle Anteil der Singles in einer Gruppe ist heute ein indirektes Maß der Instabilität der Beziehungen in dieser Gruppe.

Natürlich haben auch die 1942 Geborenen ihre Beziehungsmuster »modernisiert«, allerdings erst im mittleren Erwachsenenalter. In den 1950ern sexualkonservativ erzogen, hatten sie längst mit der Verwirklichung eines traditionellen Lebensentwurfs begonnen, als die »sexuelle Revolution« über sie hereinbrach, d. h. sie waren in

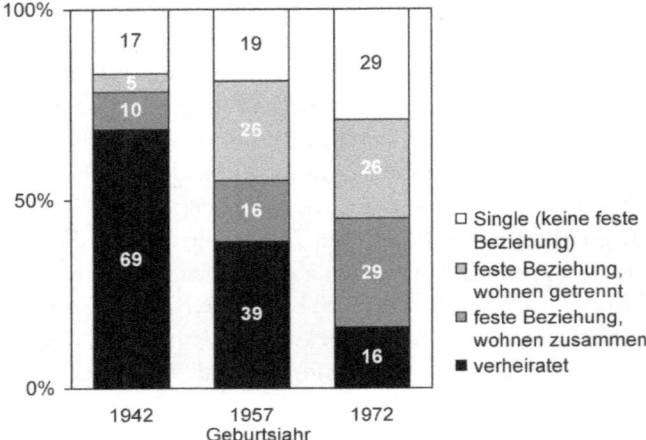

Abb. 1: Beziehungsformen im Alter von 30 Jahren – Drei Generationen im Vergleich, Hamburger Befragte (Schmidt et al. 2006)

den frühen 1970ern schon verheiratet und wollten vermutlich eine lebenslange Ehe führen. Sie waren in ihren Vierzigern, als männliche Privilegien massiv infrage gestellt wurden und als sie in ihrem näheren und ferneren sozialen Umfeld sahen, wie etablierte Beziehungen beendet wurden, und die Jüngeren ihr Beziehungsleben ganz anders einrichteten, als sie es getan hatten. Wie reagierten sie auf diese Veränderungen? Viele hielten an ihrem traditionellen Lebensentwurf fest und lebten mit 60 in einer 30 Jahre oder länger dauernden Ehe (sogenannte Kontinuitätsbiografie); andere nahmen die Verführungen, Chancen und auch Leiden der neuen Verhältnisse an oder mussten sie annehmen, wenn sie verlassen wurden, ließen sich scheiden und gingen neue Beziehungen ein. In Hamburg sind diese beiden Gruppen etwa gleich groß. Dieser Befund ermöglicht – wie beim halbvollen/halbleeren Glas Wasser – zweifaches Erstaunen: Darüber, dass heutzutage noch so viele ältere Großstädter traditionell leben, oder darüber, dass sich schon so viele von der Tradition gelöst haben. In Leipzig überwiegen die Kontinuitätsbiografien übrigens noch deut-

lich, regionale Unterschiede sind also klar ausgeprägt (vgl. Schmidt/
Matthiesen 2003).

Welche Beziehungsbiografien werden heutige junge Erwachsene
haben, wenn sie 60 Jahre alt sind? Sozialwissenschaftler können zwar,
wie Jeffrey Weeks sagt, »die Vergangenheit besser vorhersagen als die
Zukunft« (Weeks 2004, S. 62), dennoch lässt sich begründet vermuten, dass die traditionellen Kontinuitätsbiografien ihre Dominanz
weiterhin verlieren und Kettenbiografien, die durch drei oder mehr
relevante feste Beziehungen (ehelich oder nicht, mit oder ohne Kinder)
im Lebenslauf bestimmt sind, zunehmend mit ihnen konkurrieren.

Beziehung pur

Das alles bedeutet, wie gesagt, dass die Institution Ehe ihr Monopol
verliert, Beziehungen und Familien zu definieren und zu legitimieren. Nun gilt: Ein Paar *ist dort, wo zwei Menschen sagen, dass sie eines
sind*, unabhängig vom Familienstand und vom Geschlecht des Partners. Aber nicht nur aus der Institution Ehe wurden Beziehungen
entlassen; sie wurden in einem langen Prozess, der schon im 19. Jahrhundert begann, zunehmend auch freigesetzt von sachlichen Aufgaben der Lebensbewältigung und des Lebenskampfes, die früher eine
starke wechselseitige Abhängigkeit begründeten (vgl. zusammenfas-
send Beck-Gernsheim 1994). Holzschnittartig vergröbert lassen sich
zwei Schübe ausmachen: zuerst, schon im 19. Jahrhundert, mit der
Trennung von Wohn- und Arbeitsplatz und dem Verschwinden der
bäuerlichen und der Handwerkerfamilie, der *Verlust von Produkti-
onsaufgaben*; dann, in der zweiten Hälfte des 20. Jahrhunderts, der
Verlust von Versorgungsfunktionen durch die Abnahme der Kinder-
zahl, durch die Inanspruchnahme von Dienstleistungen für die häus-
liche Versorgung und Kindererziehung sowie durch die Entwicklung
von Versorgungstechnik (von der Zentralheizung über die Wasch-
maschine bis hin zu den »Pampers«). Und schließlich wurden
Beziehungen zunehmend freigesetzt von traditionellen Geschlech-

terrollen, die die Arbeitsteilung in einer Partnerschaft ehemals verbindlich regelten und deren Komplementarität die Ehepartner – bei aller patriarchalen Dominanz des Mannes – *wechselseitig* voneinander abhängig machten: Die Frau war ökonomisch auf den Mann, der Mann alltagspraktisch auf die Frau angewiesen.

Diese Entwicklungen – Freistellung der Beziehung von Institutionen, Funktionen, Geschlechterrollen – bringen eine neue Beziehungsform hervor, die der britische Soziologe Anthony Giddens als *reine Beziehung* beschreibt (vgl. Giddens 1993) – »rein« nicht im moralischen Sinne, sondern im Sinne von »pur«, Beziehung pur. Heterosexuelle bewegen sich noch auf diese Beziehungsform zu, bei homosexuellen Männern und lesbischen Frauen tritt sie schon klarer in Erscheinung. Die reine Beziehung wird nicht durch materiale Grundlagen oder Institutionen gestützt, sie wird nur um ihrer selbst willen eingegangen; sie hat nur sich selbst und besteht nur, solange sich beide darin wohl fühlen, solange beide einen emotionalen »Wohlfahrtsgewinn« haben. Dadurch ist ihre Stabilität riskiert, ja, es gehört zu ihrer Reinheit, prinzipiell instabil und episodisch zu sein; sie verriete ihre Prinzipien, wenn sie Dauer um der Dauer willen anstrebte. Serielle Beziehungen, die mit seriellen Singlephasen abwechseln, werden zur gängigen Verkehrsform. Der multiple oder Wiederholungssingle entsteht als neue Figur, scheinbar Held und Heroine unabhängiger und unbändiger Sexualität, in der Realität aber meist nicht so glücklich, mal wieder im Wartestand auf den Nächsten oder die Nächste, sexuell eher unterversorgt und missgestimmt – kurz: ein Nebenprodukt serieller Beziehungen, selten ein Lebensstil (vgl. Kaufmann 2002; Schmidt et al. 2006, S. 69ff.).

In der reinen Beziehung müssen beide Partner vielfältige Talente entwickeln, um das Sich-Wohlfühlen – zumindest eine Zeit lang – zu gewährleisten, vor allem die Fähigkeit, *Intimität* zu leben und auszuhalten: Nähe, Vertrauen, Austausch, Sich-Öffnen, Verständnis und Sich-Verstehen-lassen. Die reine Beziehung ist durch und durch psychologisiert, was bleibt ihr auch anderes übrig. Sie ist ein ständiger Prozess, aktive und reziproke, emotionale und kommunikative »Arbeit«, sie ist »performativ«, um es modern zu sagen. Intimität zu leben und auszuhalten fällt bekanntlich Männern besonders schwer, psychisch sind sie dieser komplexen, nicht Rollen gesteuerten Beziehungsform heute wohl weniger gewachsen als Frauen. Dies mag der Grund dafür sein, dass Frauen heute häufiger die Initiative bei Scheidung oder Trennung ergreifen als Männer. Natürlich gibt es in diesen Beziehungen auch Verbindlichkeit, Verlässlichkeit, füreinander da sein; aber sie sind nicht mehr als Eheplicht vorgegeben, sondern freiwillig, Optionen, für die man sich entschieden hat – und die man wieder kündigen kann. Und natürlich bedarf es in der reinen Beziehung auch der Fähigkeit des Aushandelns. Wenn die Geschlechterrollen weniger festgezurrt sind – eine Voraussetzung der reinen Beziehung –, muss der gesamte Alltag (nicht nur die Sexualität) ausgehandelt werden: Wer kocht, wer kauft ein, was unternimmt man gemeinsam, wer bringt die Kinder zur Schule, wer holt sie ab, wer passt abends auf sie auf, wer trifft Freunde, wer erledigt die Telefonate mit Oma und Opa usw. usf.

Sexualität im Griff fester Beziehungen

Welche Rolle spielt die Sexualität in diesen neuen Beziehungen? *»Sex ist wichtig, aber nicht das Wichtigste«* – dies ist die Argumentationsfigur von durchschlagender Dominanz, wenn man Frauen und Männer nach dem Stellenwert der Sexualität für ihre Beziehung fragt. Fast beschwörend wird dieses *»wichtig, aber nicht das Wichtigste«* präsentiert, so als müsse man sich vor der Zumutung schützen, dass die Beziehung vor allem am Grad der Leidenschaft gemessen werden könnte (vgl. Schmidt et al. 2006, S. 88 f.).[1] Im Hinblick auf die *Bedeutungen,* die der Sexualität zugeschrieben werden, werden vor allem *Intimitätsgeschichten* erzählt, also in vielfältiger

---

1 Ähnliche Befunde für gleichgeschlechtliche Beziehungen finden sich in Weeks et al. 2001.

Weise beschrieben, dass mit Sexualität Nähe, Geborgenheit, Zuneigung, Vertrauen *ausgedrückt* oder *hergestellt* werden kann. »Das Sich-Nahesein«, sagt eine 30-jährige Hamburgerin, »geht viel über die Sexualität und die körperliche Ebene, man kann das Gefühl des Sich-Naheseins wiederfinden und sich dafür öffnen.« Damit ist Sexualität definiert als Medium, als Produkt und Produzent erlebter Intimität, des Kerns der reinen Beziehung.

Die reine Beziehung ist nicht notwendig monogam, da auch darüber eine Vereinbarung zu treffen ist. Die meisten heterosexuellen Paare – jüngere wie ältere – entscheiden sich heute für Treue, sodass *serielle Monogamie* zur vorherrschenden Erscheinungsform der reinen Beziehung wird. Doch das Treueverständnis heutiger junger Paare hat mit dem ihrer Großeltern nur wenig zu tun, weshalb man auch nicht davon reden kann, dass sie wieder »traditioneller« geworden sind: Im Zeitalter der reinen Beziehung ist Treue nicht an eine Institution (Ehe) oder per se an eine Person gebunden, sondern an das *Gefühl* zu dieser Person: Treueforderung und -verpflichtung gelten nur, solange die Beziehung als intakt und emotional befriedigend erlebt wird. Ist das nicht mehr gegeben, dann kann man gar nicht mehr untreu sein, sondern nur noch konsequent.

Da Außenbeziehungen eher selten sind und Singles aller Altersstufen ein eher karges Sexualleben führen, wird die Sexualität in bemerkenswertem Ausmaß nach wie vor in festen Beziehungen organisiert: Zwar wird der Sex heute nicht mehr von der *Ehe* beschlagnahmt, die *feste Partnerschaft* hat ihn aber nach wie vor fest im Griff. Untersucht man – wie wir es in unserer Studie *Spätmoderne Beziehungswelten* ganz unromantisch getan haben – das Universum aller Geschlechtsverkehre in einer bestimmten Zeiteinheit, sagen wir in den letzten vier Wochen, dann stößt man auf eine überraschende Kontinuität zwischen den Generationen (Abbildung 2): Etwa 95% der Geschlechtsverkehre erfolgen in festen Beziehungen, 1% in Außenbeziehungen und nur etwa 5% der Geschlechtsverkehre produzieren die Singles (obwohl sie 25% der Befragten ausmachen). Das gilt für Junge und Alte, Männer und Frauen, Hamburger und Leipziger. Die Unterschiede zwischen den

Generationen liegen einzig darin, dass die Jüngeren in mehreren, eher kurzen, meist nicht-ehelichen Beziehungen, die Älteren hingegen in wenigen, eher langen, meist ehelichen Beziehungen sexuell aktiv sind[2].

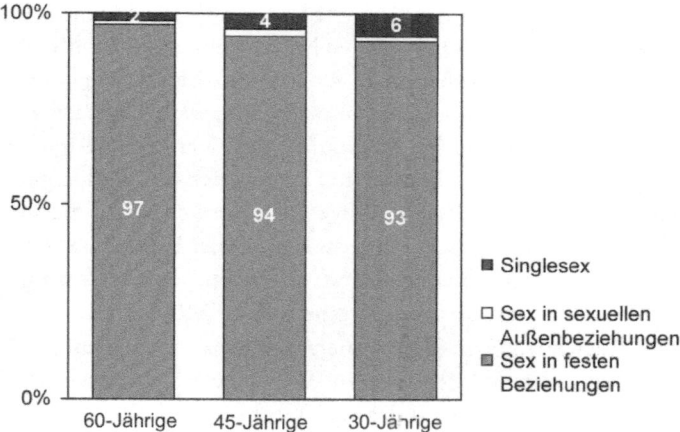

Abb. 2: Feste Beziehungen organisieren Sexualität. Die Grafik zeigt, wie viel Prozent aller Geschlechtsverkehre einer Altersgruppe in den letzten vier Wochen in festen Beziehungen, in sexuellen Außenbeziehungen und von Singles »produziert« wurden. Daten für Männer und Frauen wurden wegen der geringen Unterschiede zusammengefasst (Schmidt et al. 2006).

Masturbation und Partnersex koexistieren

Spätmoderne Sexualwelten sind komplex und widersprüchlich und so muss der schöne einfache Satz, die feste Beziehung habe

---

2 Gleiche Befunde ergeben sich für Studentinnen und Studenten unterschiedlicher Generationen (vgl. die Studien des Instituts für Sexualforschung und forensische Psychiatrie des Uniklinikums Hamburg »Studentisches Sexualverhalten 1966–2012«, in Vorb.).

die Sexualität fest im Griff, sofort differenziert werden, wenn wir in die sexuellen Universen nicht nur den Sex mit dem Partner/der Partnerin, sondern auch die Masturbation einbeziehen. Wir sehen dann, dass die Masturbation heute viel häufiger als früher friedlich mit dem Partnersex koexistiert (Abbildung 3). Bei Männern und Frauen der jüngeren Generationen hat die Tendenz ganz erheblich zugenommen, Masturbation in einer festen Liebesbeziehung als sexuelle Praktik beizubehalten – auch dann, wenn der Partnersex häufig und gut ist[3]. Begleitet wird dies von einer veränderten Haltung gegenüber der Masturbation: Der jüngeren Generation gilt sie vornehmlich als eine eigenständige Form der Sexualität, die ältere duldet sie, wenn überhaupt, nur als Ersatz oder Kompensation für zu wenig oder unbefriedigende Sexualität mit der Partnerin oder dem Partner. Masturbation ist eine andere Möglichkeit als Untreue, die Sexualität aus der Partnerschaft auszulagern, weshalb der beschriebene Trend interessant ist. Wahrscheinlich spiegelt sich in ihm zweierlei: *Zum einen* das von Weeks et al. (2001) beschriebene Bemühen, in modernen Partnerschaften immer wieder eine Balance zwischen persönlicher Autonomie und emotionaler (intimer) Verbundenheit herzustellen, und die Masturbation repräsentiert in diesen intensiven und zugleich ungewissen »reinen« Beziehungen ein Stück Autonomie. *Zum anderen* spiegelt sich in der beschriebenen Koexistenz die Tendenz wider, in der Sexualität weniger einen Trieb zu sehen, der ruhiggestellt werden muss, als eine Ressource, derer man sich vielfältig, einfallsreich und zu allerlei Zwecken bedienen kann (vgl. Kapitel 3). Und Masturbation und Fantasie sind eine leicht verfügbare und den Partner wenig verletzende Möglichkeit, dies zu tun.

---

3 Für die Interpretation, dass es sich hierbei um Generations- und nicht um Alterstrends handelt, spricht die Tatsache, dass sich in Generationsstudien mit Studentinnen und Studenten zwischen 1966 und 2012 die gleichen Trends finden (vgl. das Forschungsprojekt des Instituts für Sexualforschung und forensische Psychiatrie des Uniklinikums Hamburg »Studentisches Sexualverhalten 1966–2012«, in Vorb.).

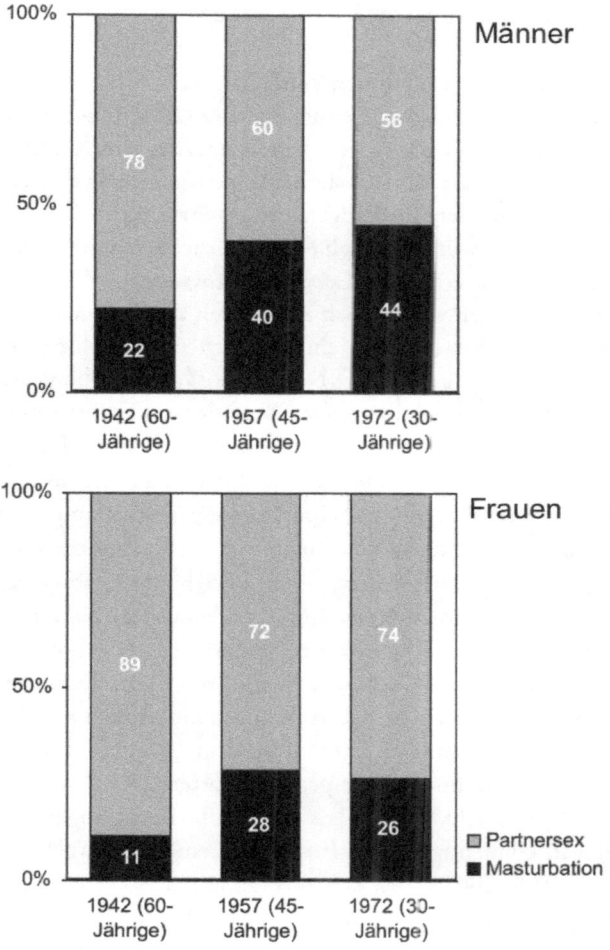

Abb. 3: Wie viel Sex in festen Beziehungen ist masturbatorisch? Die Grafik zeigt, wie viel Prozent aller Sexakte (Partnersex plus Masturbation) einer Gruppe in den letzten vier Wochen masturbatorisch bzw. partnersexuell waren (Hamburger Befragte) (Schmidt et al. 2006).

Dauer und Intensität im Wettstreit

Die Fluktuation von Beziehungen hat, wie gesagt, in den letzten Jahrzehnten erheblich zugenommen und ist zumindest bei Männern und Frauen bis ins vierte Lebensjahrzehnt hoch. Dabei ist der Wunsch nach dauerhaften, ja lebenslangen Beziehungen nach wie vor verbreitet. Von den 30-Jährigen, die gegenwärtig in einer festen Beziehung leben, wünschen sich 83% ausdrücklich, mit ihrem Partner bzw. ihrer Partnerin »ein Leben lang zusammenzubleiben«. Aller Voraussicht nach werden sich etliche von ihnen früher oder später trennen und man könnte meinen, sie scheitern an ihren Beziehungen. Doch es ist komplexer: Neben die Wertvorstellung »Dauer« tritt ein zweiter, konkurrierender Wert, den man »Beziehungsqualität« nennen kann. Es geht nicht mehr um den Wunsch nach Dauer per se, sondern nach Dauer bei emotionaler, intimer und (seltener) sexueller Intensität. Die Instabilität heutiger Beziehungen ist nicht, wie manche Moralisten oder auch Psychotherapeuten klagen, eine Folge von Bindungslosigkeit oder Beziehungsunfähigkeit; sie ist vielmehr die Konsequenz des hohen Stellenwertes, der Beziehungen für das persönliche Glück beigemessen wird, und der hohen Ansprüche an ihre Qualität. Dadurch wird die Trennungsschwelle niedriger, was zu multiplen Trennungserfahrungen und dazu führt, dass heute massenhaft Beziehungen getrennt werden, die früher als ganz gesund und keinesfalls als zerrüttet gegolten hätten. Der Psychotherapeut Jürg Willi spricht davon, dass dauerhafte Beziehungen heute nur gelingen können, wenn die Partner »einander im Wachstum anregen« (Willi 2002, S. 8), sich also verändern. So gesehen sind auch gelungene langfristige Partnerschaften »Beziehungen in Folge« – nur mit dem gleichen Partner bzw. der gleichen Partnerin: Es sind seriell-kontinuierliche Beziehungen mit einer Person.

Als »schwebend« hat Zygmunt Bauman (1995) die Liebe in der reinen Beziehung beschrieben, eine Liebe, die das Versprechen auf Freiheit mit dem Gespenst der Unsicherheit verbindet, Freiheit und Bindung ambivalent in der Schwebe hält. Da nur selten beide Partner zugleich ihre Freiheit wieder haben wollen, ist die reine Beziehung, wie andere Beziehungsformen auch, mit Leiden verbunden. Die wieder-gewonnene Freiheit des einen bedeutet oft Einsamkeit, Verzweiflung und Kränkung für den anderen. Der oder die Sich-Trennende (in der Regel ist es heute eine »die«) empfinden auffällig selten Schuld-gefühle. Denn der Anspruch, nur der Authentizität der Gefühle zu folgen und diese nicht zu verraten, ist *quasi-moralisch* geworden. Die Solidarität mit dem Selbst rückt in den Vordergrund, die Solidarität mit dem anderen in den Hintergrund (vgl. Simon 1999).

Kinderwelten

Sicher: Wenn Kinder da sind, wird die Serialität geringer und nimmt die Fluktuation ab – aber oft nur vorübergehend. 38% der von uns befragten großstädtischen Eltern haben sich aus einer Beziehung mit Kindern getrennt, die bei der Trennung noch zu Hause lebten. Mehr und mehr Kinder leben in einem Kunterbunt von Lebens- und Familienformen, ihre soziale Welt wird »flüssiger«, vielfältiger und unübersichtlicher. Elisabeth Beck-Gernsheim (1994) spricht von der *postfamilialen Familie*: Familien lassen sich nicht mehr über die Ehe definieren. *Familie ist dort, wo Kinder sind* – unabhängig davon, ob Mutter oder Vater verheiratet sind, das Kind in einem oder zwei Haushalten aufziehen oder einer von ihnen alleine oder zusammen mit anderen gleich- oder gegengeschlechtlichen Partnern. Jeffrey Weeks geht noch weiter und sagt mit Blick auf gleichgeschlechtli-che Partnerschaften und Netzwerke, Familie ist dort, wo mindestens zwei Menschen sagen, dass sie eine sind, auch wenn keine Kinder beteiligt sind (vgl. Weeks et al. 2001).

Die Folgen von Trennung und Scheidung für die Kinder werden in dieser Situation anders bewertet als früher und andere Sichtwei-sen zeichnen sich ab, bei den Betroffenen oft deutlicher als bei den Experten: Trennungen gelten weiterhin als trauriges und belastendes Ereignis für die Kinder; aber es werden auch Chancen gesehen, neue

Optionen betont: Die neuen Partner der Eltern und deren Töchter und Söhne aus früheren Beziehungen vergrößern den Erfahrungskreis der Kinder mit nahestehenden Erwachsenen oder Elternfiguren und Quasigeschwistern und erweitern den sozialen Horizont der Kinder über die begrenzte Kleinfamilie hinaus.

Die Auswirkungen von Scheidungen auf die Kinder sind selbst etwas, das dem sozialen Wandel unterliegt, kurz, sie verändern sich (vgl. Amato/Booth 1997; Peuckert 2012, S. 366ff.). Heute werden Scheidungen immer seltener als persönliches und moralisches Versagen gesehen, sondern eher als eine akzeptable Form oder Möglichkeit ehelicher Konfliktlösung. *Das* ist eine wichtige Voraussetzung für sanftere Scheidungsfolgen. Kinder, deren Eltern es nach der Trennung gelingt, ein »binukleares Familiensystem« (wie die Soziologen sagen) aufzubauen, auf deutsch: deren Eltern sich weiterhin beide um sie kümmern und für sie verantwortlich fühlen (gleichgültig, in welchen neuen Beziehungen sie leben und bei welchem Elternteil das Kind wohnt), sind am seltensten von negativen Folgen der Scheidung für ihre emotionale und Persönlichkeitsentwicklung betroffen. Und die Fähigkeit, solche binuklearen Formen zu leben (und auszuhalten), nimmt nach den Befunden unserer Studie *Spätmoderne Beziehungswelten* erkennbar zu.

»Emotionale Demokratie« oder Wegwerfbeziehungen?

Etwas salopp ließe sich resümieren, dass wir uns nach der »sexuellen Revolution« der späten 1960er und nach der »Genderrevolution« der 1980er nun mitten in einer »partnerschaftlichen und familiären Revolution« befinden. Diese drei Entwicklungen sind selbstverständlich eng miteinander verwoben. Natürlich ist die reine Beziehung – wie die Verhandlungsmoral – ein idealtypisches Konstrukt, sie kann nur gelingen, wenn gleich starke Partner beteiligt sind. Sie ist tatsächlich eine demokratische Form von Beziehung und beruht, wie Jeffrey Weeks formuliert, auf der Utopie einer »emotional democracy« (Weeks et al. 2001). Da lesbische und schwule Partnerschaften durch das gesellschaftliche Ungleichgewicht von Mann und Frau nicht behelligt sind, ist bei ihnen, wie gesagt, die reine Beziehung klarer ausgeprägt. Bei heterosexuellen Paaren wird sich diese Beziehungsform in dem Maße etablieren und ihrem Idealtyp annähern, in dem die geschlechtsgebundene Verteilung von Einkommen, Arbeit, Aufgaben und Macht weiterhin abnimmt. Und sie ist heute in solchen Gruppen am häufigsten anzutreffen, in denen diese Bedingungen am ehesten verwirklicht sind, zumindest temporär, z. B. bei jungen Paaren – ohne Kinder.

Zygmunt Bauman hat jüngst eingewendet, dass die reinen Beziehungen weniger »Vehikel der Emanzipation und Garanten einer neuen Form der Freude« als ein Ausdruck der »Kommodifizierung und Konsumifizierung im Bereich menschlicher Partnerschaften« sein könnten und damit den Bedingungen der »flüchtigen Moderne« auffallend kongruent sind (Bauman 2003, S. 108, 191 und 193). »Die ganze Welt, einschließlich anderer Menschen« werde zu »einem Container voller *Wegwerfobjekte*, zum *einmaligen* Gebrauch bestimmt«. Es gehe darum,

> »Befriedigung von einem gebrauchsfertigen Produkt [dem Partner, der Partnerin, G.S.] zu erlangen; entspricht das Vergnügen nicht den Erwartungen und Versprechungen des Beipackzettels oder schwindet der Spaß mit der Zeit, kann man sich auf den Verbraucherschutz berufen und die Scheidung einreichen. Es gibt keinen Grund, sich weiter mit einem minderwertigen oder veralteten Produkt abzugeben, statt in den Regalen nach einer ›neuen und verbesserten‹ Version Ausschau zu halten« (ebd.).

Das sind beißende und heilsame Einsprüche gegen die eher optimistische Sicht Giddens, Weeks oder des Autors dieses Buches. Eine solche Parallelisierung privater und politökonomischer Verhältnisse ist verführerisch einleuchtend, sie wird den Beziehungswirklichkeiten aber nur begrenzt gerecht. Das liegt vermutlich daran, dass Frau und Mann, Frau und Frau oder Mann und Mann ihre Beziehung nicht nur »konsumieren«; sie »produzieren« auch fortgesetzt und gemeinsam: Bindung, Vertrauen, gemeinsame Geschichte – um von Liebe gar nicht erst zu reden –, wenn auch immer seltener »for ever«.

3. Abschied vom Trieb

Die sexuelle Liberalisierung in den westlichen Industriegesellschaften ist ein langwieriger Prozess. Ihre Wurzeln liegen in der *Aufklärung* mit ihrem Aufruf zum Austritt aus der selbstverschuldeten Unmündigkeit und in der *Romantik* mit der Betonung von Subjektivität, Gefühlen und Leidenschaft.

Prozess der sexuellen Liberalisierung

Die Liberalisierung hatte frühe Höhepunkte, zum Beispiel Ende des 19. Jahrhunderts im Kaiserreich, als die sexuell Anderen, vor allem Homosexuelle, eine Stimme erhielten und die Bedeutung der Sexualität für Biografie und Persönlichkeit von der Psychoanalyse und anderen entdeckt wurde (vgl. Kapitel 5); oder – ein anderer früher Gipfel – in den 1920er Jahren, als nach dem Zusammenbruch der alten politischen Ordnung neue Freiheiten erprobt wurden und traditionelle Geschlechterbilder aufbrachen. Die Nationalsozialisten spalteten das sexuelle Feld: Sie waren freizügig gegenüber nichtehelichen Sexualformen, sofern sie heterosexuell waren, und verfolgten zugleich auf brutale Weise sexuelle Minderheiten, propagierten ein tief patriarchalisches Frauen- und Familienbild; Abtreibungen wurden martialisch bestraft oder zwangsmäßig vollzogen, ihre Reproduktionspolitik war rassistisch und selektiv (vgl. Herzog 2005). Es gab auch in jüngster Zeit Stillstand und Rückschläge, zum Beispiel die sexuelle und geschlechterpolitische Restauration der Adenauer-Ära, mit tatkräftiger Unterstützung der Kirchen (vgl. Kapitel 11). Doch diese Bremsversuche machten den Fortgang der Liberalisierung nur um so heftiger: Als die Kluft zwischen offizieller Moral von Staat und Kirche einerseits und der sexuellen Realität und Moral junger Erwachsener andererseits ins Groteske gewachsen war, kam es in den späten 1960ern zur »sexuellen Revolution«, die den Prozess der Liberalisierung drastisch beschleunigte, und wenige Jahre später zur »feministischen Revolution«, die das Geschlechterverhältnis umkrempelte und die Doppelmoral, die Männern mehr Freizügigkeit erlaubte als Frauen, weitgehend erledigte.

Der Kern der sexuellen Liberalisierung lässt sich einfach benennen: Die Ehe verlor – endgültig in den 1970ern – ihr Monopol, Sexualität zu legitimieren, d. h. eheliche und nichteheliche Sexualität wurden gleichgestellt. Dieser Prozess hat viele Erscheinungsformen: Verheiratete und unverheiratete Erwachsene unterschieden sich nun nicht mehr in ihren sexuellen Rechten und kaum noch in ihrer sexuellen Aktivität; nichteheliche Beziehungs- und Familienformen (unverheiratet zusammenwohnen, unverheiratet Kinder aufziehen, gleichgeschlechtliche Partnerschaften mit und ohne Kinder) wurden häufiger und salonfähig, die Monogamie wurde seriell (vgl. Kapitel 2); schwule und lesbische Sexualität brachen aus dem Ghetto des Verbotenen und Abnormen aus und wurden zu »gesunden« Varianten menschlicher Sexualität; und Jugendsexualität wurde hierzulande üblich und gesellschaftlich weitgehend akzeptiert (vgl. Kapitel 7) – auch wenn wir Erwachsenen immer wieder einmal in moralische Paniken verfallen, mal über die vermeintlich hohe Schwangerschaftsrate der Mädchen, mal über die vermeintliche Pornosucht der Jungen (vgl. Matthiesen et al. 2009; Schmidt 2009a). Die sexuelle Liberalisierung ging einher mit einem eindrucksvollen Abbau der frauendiskriminierenden Doppelmoral und mit der Angleichung der Geschlechter im Hinblick auf sexuelle Optionen, Rechte und Verhaltensweisen. Sexualmoral wurde entinstitutionalisiert, es entstand eine »Moral von unten« (vgl. Kapitel 1).

Zwei Interpretationen des sexuellen Verlangens

Die Liberalisierung hat auch unser alltägliches und wissenschaftliches Konzept von Sexualität, unsere Interpretationen des sexuellen Verlangens, einschneidend verändert. Der »Trieb« war die leitende Metapher für das Verständnis der Sexualität im 19. bis weit ins 20. Jahrhundert, sowohl in der Wissenschaft als auch beim gemeinen Menschen. Diesem Modell zufolge bauen sich sexuelle Spannungen ständig auf, als stünde ein Kessel mit Wasser auf dem Feuer und als müsse der Dampf immer wieder abgelassen werden, damit der Kessel nicht verbeult (im neurotischen Symptom) oder zerplatzt (in der sexuellen Impulshandlung). Sigmund Freud gab diesem Dampfkessel- oder psychohydraulischen Modell des sexuellen Verlangens seine differenzierteste Form – und er beschrieb damit vermutlich recht präzise das Erleben und Empfinden der Menschen, vor allem der Männer, in *vorliberalen* Zeiten. Die Psychoanalyse begriff den »Trieb« aber nicht als eine Zeitgestalt des Sexuellen, sondern als etwas ahistorisch Essenzielles. Das Triebmodell der Wissenschaftler und das Trieberleben der Menschen verdanken sich jedoch einer besonderen gesellschaftlichen Situation, nämlich den Sexualverboten einer Verzichtmoral, dem sexuellen Mangel und der strengen Reglementierung der Befriedigung. In einer solchen gesellschaftlichen Situation wird die Sexualität zu einem Trieb, zu einer Kraft, die impulshaft jederzeit Macht über uns gewinnen kann, ein wildes Tier, eingeschlossen in uns, gefährlich und immer ausbruchsbereit, prinzipiell asozial und destruktiv, aber auch voller subversiver Potenz. Diese »schwarze Romantik« macht den Sex himmlisch verlockend, aber auch höllisch gefährlich. So aber sehen in der heutigen Zeit immer weniger Menschen ihre Sexualität.

In den 1970ern, also im Zeichen sexueller Liberalisierung, entwickelten die Soziologen John Gagnon und William Simon (1973) und der Psychoanalytiker Robert Stoller (1979) Theorien zur Sexualität und des sexuellen Verlangens, die ohne den »Trieb« auskamen, und es entstand allmählich ein Konzept von Sexualität, das ich das *Res-*

	Triebmodell	Ressourcenmodell
1) Definition	Periodische Akkumulation sexueller Spannungen (»Dampfkessel«)	Verlangen, Erregung und Lust als Ressource
2) Gesellschaftlicher Hintergrund	Repression	Liberalität
3) Soziale Kontrolle	Moral »von Oben« (von Institutionen verfügte strenge Ordnung)	Moral »von Unten« (Selbstregulierung der sexuell Handelnden)
4) Leitende Frage	»Was ist sexuell am Nichtsexuellen?«	»Was ist nichtsexuell am Sexuellen?«
5) Leitendes Verständnis	Energiequanten, Libido	Bedeutungen sexueller Handlungen, Sex als »fuzzy matrix«
6) Sexuelles Erleben	Spannungsentladung	Spiel mit Erregung und Reizen, Genuss der Lust, »Sexiness« der Erregung
7) Orgasmus	Kulmination der Entladung, Quintessenz sexueller Befriedigung	Teilaspekt sexueller Befriedigung, Interpunktion sexueller Akte
8) Sexualisierende Momente	Verbot, Tabu	Pluralität der Bedeutungs- zuschreibungen
9) Perversion	Regressiv- verschobene Triebenergien	Symbolische Konfliktlösung
10) Sexuelle Klagen	Zuviel an sexuellen Spannungen, »Triebdurchbruch«	Minderung von Lust/erotischem Verlangen, »Sexsucht«
11) »Sexuelle Freiheit«	Abbau einschränkender Konventionen (pragmatisch), »Befreiung durch Sexualität« als Mystifizierung (pathetisch)	Entdramatisierung und Vervielfältigung symbolischer Zuschreibungen der Sexualität

Übersicht 1: Zwei Modelle des sexuellen Verlangens

sourcenmodell nenne[4]. Heute verstehen und erleben wir Sexualität nicht mehr als Trieb, der wie ein Kessel auf dem Feuer funktioniert, sondern als Ressource, als eine (biologisch vorgegebene) Möglichkeit für Lust-, Erlebnis- und Intimitätssuche. Uns spätmoderne Menschen treibt nicht so sehr die Frage um, wie man sexuelle Spannungen und Druck loswerden kann, um Ruhe zu finden, sondern *was man alles mit der Sexualität anstellen kann*. Das ist komplex und um die beiden Modelle – Trieb bzw. Ressource – prägnanter zu machen, kontrastiere ich sie im Folgenden im Hinblick auf ganz unterschiedliche Aspekte. Die Übersicht 1 kann dabei helfen, den Durchblick nicht zu verlieren.

Trieb und Ressource – eine Gegenüberstellung

Das Triebmodell interpretiert sexuelles Verlangen als *Akkumulation sexueller Spannungen*, während im Ressourcenmodell Sex als eine *Möglichkeit gesehen wird, mit der man sehr Unterschiedliches anfangen kann*. »Es kommt über mich« beschreibt das Erleben sexuellen Verlangens im Triebmodell, »ich such' das Verlangen auf und mach' was draus« die Haltung im Ressourcenmodell. Das Ressourcenmodell bringt uns in einen suchenden, experimentierenden und erfinderischen Modus gegenüber der Sexualität. Wahrscheinlich ist dieses Modell die Basis für die von Volkmar Sigusch beschriebene »neosexuelle Revolution«, »die eine sexuelle und geschlechtliche Vielfalt hervorbringt, von der die letzte Revolution [die der 1960er und 1970er, GS] nur träumte« (Sigusch 1996, S. 130; vgl. auch Sigusch 2005). Das Triebmodell finden wir, wie schon gesagt, in *sexualrepressiven* Gesellschaften mit einer institutionell organisierten »*Moral von oben*«, das Ressourcenmodell in *sexualliberalen* Gesellschaften, in denen eine selbstregulierende »*Moral von unten*« dominiert (vgl. Zeilen 1–3 in der Übersicht).

---

4 Dieser Paradigmenwechsel löste in der westdeutschen Sexualforschung eine heftige Kontroverse aus (vgl. Sigusch 1984; Schmidt 1984).

» *Was ist sexuell am Nichtsexuellen* « ist die leitende Frage, wenn wir im Triebmodell denken. Die frühe Psychoanalyse hat sie am gründlichsten bearbeitet. Das sexuelle Verlangen gilt als so allmächtig und (durch kulturelle Verbote) prinzipiell unbefriedbar, dass es sich auf viele Weisen und vielfältigen Umwegen Entlastung und Befreiung verschafft: sublimiert in künstlerischen Äußerungen und in nichtsexuellen Formen der Liebe und Fürsorge, verkleidet in Träumen und Fantasien, verstellt im hysterischen oder neurotischen Symptom, verbogen in den ungewöhnlichen Formen der Sexualität. Sex steckt sozusagen überall drin. Das Ressourcenmodell stellt diesen Ansatz vom Kopf auf die Füße und fragt: » *Was ist nichtsexuell am Sexuellen?* «, welche nichtsexuellen Affekte und Bedeutungen werden von der Sexualität transportiert (vgl. Gagnon 1998)? Alltägliche wie klinisch auffällige oder für auffällig gehaltene Äußerungsweisen und Erscheinungsformen der Sexualität werden von beiden Positionen ganz unterschiedlich interpretiert: Die Frau, die lange nicht mit ihrem Partner geschlafen hat und darüber mürrisch und unzufrieden wird oder auch ein psychosomatisches Symptom entwickelt, wird im Verständnis der Triebposition unter ihren gestauten sexuellen Spannungen, ihrem Triebstau leiden; im Verständnis des Ressourcenmodells leidet sie, weil sie sich nicht mehr geliebt und begehrt fühlt, keinen Zugang zu körperlicher Nähe und Geborgenheit findet, sich ängstigt, dass ihre Partnerschaft nicht mehr intakt, also bedroht ist; ihr fehlt der Sex, aber vor allem das, was man damit ausdrücken kann. Oder: Den Jungen, der nach seinem ersten Geschlechtsverkehr befriedigt und glücklich ist, macht im Verständnis der Triebposition die sexuelle Spannungsentladung, die erste » adäquate «, dem » genitalen Primat « folgende Triebbefriedigung seines Lebens, zufrieden; im Ressourcenverständnis hingegen die einfache Tatsache, dass er es endlich » geschafft « hat, dass er ein Mädchen gewinnen (und ihr Begehren entfachen) konnte, dass er stolz auf seine Männlichkeit ist und darauf, eine wichtige Passage zum Erwachsenwerden bestanden zu haben. Sein Glücklichsein hat nur wenig mit sexueller Entladung zu tun; vielmehr intensivieren die *symbolischen Bedeutungen* des » ersten Mals « sein sexuelles Empfinden. Die meisten Leserinnen und Leser werden für beide Beispiele vermutlich die zweite Interpretation, die nach dem Ressourcenmodell, überzeugender finden – und mögen daran erkennen, wie weit sie das Triebmodell schon hinter sich gelassen haben (vgl. Zeile 4 in der Übersicht).

Energiequanten sind zentral für das Verständnis der Sexualität nach dem Triebmodell, *Bedeutungen* hingegen für das Verständnis nach dem Ressourcenmodell. »Myriaden von Metaphern« (Plummer 1996, S. XI) oder Bedeutungen verleihen sexuellen Handlungen und Erlebnissen ihre besondere Intensität und Färbung, wie das obige Beispiel vom ersten Geschlechtsverkehr eines Jungen illustriert. Im Ressourcenmodell ist das Verlangen nach Sex mehr als das sexuelle Verlangen und das ist so, weil die Sexualität eine »fuzzy matrix« ist, eine klebrige Struktur, an der Bedeutungen und Affekte andocken können (vgl. Simon 1999). Diese werden von der Sexualität mitgenommen, im sexuellen Handeln und Erleben ausgedrückt und prägen die Erlebnisqualität und Stärke des sexuellen Aktes (vgl. Zeile 5 in der Übersicht).

Spannungsentladung, das Auflösen der dranghaften Unlust, die durch die Akkumulation sexueller Spannungen entsteht, dominiert dem Triebmodell zufolge das sexuelle Erleben. Entsprechend gilt der Orgasmus, die Kulmination der Entladung, als Quintessenz sexueller Befriedigung und Lust, als letzte Wahrheit der Sexualität. In einer Sexualität, die nach dem Ressourcenmodell organisiert ist, ist nicht Befriedigung im Sinne von Spannungsabbau das Ziel, sondern das elaborierte *Spiel mit Erregung, Reizen und Lust*, das Genießen der Erregung. Nach einer Studie von Annie Potts ist der »delight of desire«, die »sexiness« der Erregung dabei, die zentrale Stellung des Orgasmus als Sexualziel und damit die Orgasmusfixierung, abzulösen (vgl. Potts 2000). »Coming, coming, gone« heißt ihr Aufsatz, also »Kommen, Kommen – und alles ist vorbei«, das Verlangen, die Erregung, die Lust. Befriedigung setzt dem Wunsch einen Punkt, er interpunktiert das sexuelle Handeln, signalisiert, wie Leonore Tiefer einmal spöttisch sagte, dass man nun endlich aufhören kann (vgl. Tiefer 1994). Ralf König spinnt in seinen schwulen Comics Träume, die aus dem Ressourcenmodell gemacht sind. Es geht um ständige, nicht nachlassende Erregung und Aufregung; ein Sexualreiz jagt den anderen, keiner kommt zur Ruhe. In seiner Geschichte »3 ½ Stunden« (König 1994a) zum Beispiel treffen sich zwei Lover am Flughafen. Sie haben sich wochenlang nicht gesehen und stehen in Flammen. Bis zum Weiterflug haben sie dreieinhalb Stunden Zeit, um sie zu löschen. Aber dazu kommt es nicht, weil ein Missgeschick nach dem anderen (Putzfrauen, die zur Unzeit kommen, quakende Anrufbeantworter, stürmisch klingelnde Nachbarn usw.) dies verhindert. Sie müssen zurück zum Flugplatz. Zum Glück hat das Flugzeug fünf Minuten Verspätung – und die reichen, in irgendeiner Ecke des Flugplatzes, für den früher zentralen, heute offenbar aber weniger wichtigen Akt völlig aus: für den Orgasmus (oder die Detumeszenz, wie die alten Sexualwissenschaftler es nannten) (vgl. Zeilen 6 und 7 in der Übersicht).

Sexualisierende Momente, also Bedeutungen, die ein sexuelles Erlebnis besonders intensivieren, sind in der repressiven Gesellschaft (und folglich auch im Triebmodell) vor allem *Verbote und Tabus*, genauer: die Übertretung solcher beschränkenden Regeln. Übertretung galt als Aphrodisiakum schlechthin (vgl. Bataille 1963; Dannecker 1987a). Nach dem Wegfall von Verboten im Zeichen von Liberalisierung und Ressourcenmodell entfällt die Möglichkeit, Sex durch Tabubruch aufzuheizen, weitgehend. Sexualisierende Momente sind jetzt *vielfältige und individuelle Bedeutungszuschreibungen*. Für den (vorliberalen) Jungen, der vor 60 Jahren gegen die Verbote an onanierte, war die Masturbation ein aufwühlendes Erlebnis, eine Mischung aus Lust, Angst (vor den vermeintlichen Folgen), Schuld, Rebellion gegen und Triumph über Verbote. Gerade diese Mischung machte die Intensität seines Erlebens und seines Orgasmus aus. Für den heutigen (postliberalen) Jungen, der alles darf, ist die Masturbation ein Zeitvertreib, der mit anderen Zeitvertreiben konkurrieren muss; eine Möglichkeit seines Körpers, deren er sich genussvoll und gelassen bedienen kann. »Spiel ich noch eine Runde am PC oder mach ich's mir?« mag die Frage sein, vor der er steht. Für ihn ist die Sexualität eben eine Ressource, deren er sich bedienen und die er mit vielen Bedeutungen – trivialen oder gewichtigen; liebevoller oder feindseligen; bewussten oder unbewussten – ausstatten kann: zum Verscheuchen von Einsamkeit oder Langeweile, zum Inszenieren seiner Männlichkeit oder seiner Unwiderstehlichkeit, zur Auseinandersetzung mit seinen Sexualängsten und zu ihrer Dämpfung, zur Stabilisierung seines Selbstwertes usw. usf. Die Bedeutungen sind erkennbar an dem latenten Inhalt oder den »Plots« seiner Masturbationsfantasien (vgl. Stoller 2009). Befreit von Verboten und der Notwendigkeit der notfallmäßigen Triebentsorgung können wir sexuelles Handeln mit den schon erwähnten »Myriaden von Bedeutungen« ausstatten, die Stärke und Besonderheit des sexuellen Erlebnisses ausmachen (vgl. Zeile 8 der Übersicht).

Das Ressourcenmodell ermöglicht auch einen neuen Blick auf die ungewöhnlichen Formen der Sexualität, die Perversionen. Der Exhibitionist verschafft sich im Verständnis des Triebmodells auf eine etwas infantile Weise Triebentlastung, weil ihm die erwachsenen Formen durch vielfältige Ängste versperrt sind; er regrediert auf frühere und primitivere Formen der Sexualität (»Zeigelust«). Sein Verhalten wird durch *regressiv verschobene Triebenergien* erklärt. Das ist zu mechanisch, zu energetisch, wenden die Vertreter des Ressourcenmodells ein. Die ungewöhnlichen sexuellen Handlungen sind nach ihnen nicht nur ein Akt zur Abfuhr sexueller Spannungen, sondern eine Inszenierung, die einem inneren Drehbuch folgt; die Handlungen und die sie begleitenden Fantasien erzählen eine Geschichte hinter der Geschichte mit geheimen Bedeutungen, in der sexuelle Motive nur eine untergeordnete Rolle spielen und andere Affekte – Wut, Rache, Hass, Triumph, Angst – die Hauptakteure sind.

Robert Stoller (1975) hat den Paradigmenwechsel, der Thema dieses Kapitels ist, für die Perversion vollzogen. Er schildert – ich verkürze – einen Mann, der in seiner Kindheit von Mutter und Schwestern in seiner Jungenhaftigkeit/Männlichkeit verspottet und gedemütigt wurde und in der Adoleszenz eine transvestitisch-fetischistische Symptomatik entwickelt: Er verkleidet sich von Kopf bis Fuß als Frau und masturbiert vor dem Spiegel mit heftigen Orgasmen. Nicht gestaute

Energien, nicht der Tabubruch des Crossdressing sind für Stoller das Entscheidende, sondern die Reinszenierung des Traumas der Demütigung als Junge, seiner Entmännlichung. Der Mann sucht die alte bedrohliche Situation wieder auf, stellt sie her durch das Anziehen weiblicher Kleidung; nur: Diesmal ist er der Akteur. Was ihm früher angetan wurde, macht er nun selber, er nimmt das früher erlittene Unrecht in die Hand, verweiblicht sich selbst in der Hoffnung und in der Beinahe-Gewissheit, diese Situation zu überstehen. Und er übersteht die Situation mit Erektion und Ejakulation und bestätigt sich dadurch, dass er selbst in Frauenkleidern, sozusagen ganz verweiblicht, noch ein potenter Mann ist, dass seine Männlichkeit unzerstörbar ist. Die Niederlage seiner Kindheit wird zum Triumph über diejenigen, die ihn früher so demütigten. Der Orgasmus ist nicht nur Ejakulation, sondern, wie Stoller sagt, ein »größenwahnsinniger Ausbruch von Freiheit«. Die sexuelle Befriedigung hat mit der Abfuhr sexueller Energie nur wenig zu tun; ihre besondere Intensität erhält die sexuelle Handlung aus ihrer psychologischen Bedeutung: aus dem Erlebnis der Konfliktlösung, der Angstüberwindung, des Triumphes über die Demütiger. Die Linderung seiner Konfliktspannung ist allerdings nur kurzfristig, weshalb er die Handlung oft wiederholen muss. Sexuelle Lust und Intensität resultieren hier also aus der Persistenz und Mächtigkeit einer alten Konfliktspannung, aus dem, wenn man so will, inneren Gefängnis dieses Mannes (vgl. Zeile 9 der Übersicht).

Auch die Klagen über sexuelle Probleme ändern sich mit dem Abschied vom Triebmodell. Klagten PatientInnen vor 40 oder 50 Jahren sehr oft über ein *Zuviel an Triebspannungen*, über quälende, beunruhigende sexuelle Wünsche, von denen sie nicht wussten, wohin mit ihnen, so klagen sie heute eher über ein *Zuwenig an Erregung und Verlangen*. Wollten Sie früher von ihrem Verlangen, befreit werden und Ruhe finden, so ist es heute eher ein Problem, wenn sie nicht genug davon zu haben, wenn sie den Zugang zur Ressource Sex verloren haben, wenn sie lustlos sind (Schmidt 1998b). Wir sind aus sexuell Getriebenen zu Erregungssammlern oder Verlangenssuchern geworden (vgl. Bauman 1998). Geraten Sammler und Sucher ins Rotieren, dann bedienen wir uns der Metapher der »sexuellen Sucht«. Anders als der gefährliche »Triebdurchbruch«, die sexuelle Impulshandlung des Triebmodells, sucht die Sexsucht uns als etwas Schwächliches heim, sie ist ein verzweifelter und vergeblicher Versuch, uns der Ressource Sex wieder lustvoll und qualitätsreich bedienen zu können. Sie trifft uns, wenn wir die Kraft oder Fantasie verloren haben, unsere sexuellen Träume und Handlungen mit symbolischen Bedeutungen auszustatten (vgl. Clement 1997; Zeile 10 der Übersicht).

Volkmar Sigusch hat den Wandel vom Trieb zur Ressource als einen Übergang von der Paläosexualität zu den Neosexualitäten beschrieben:

> »Die Paläosexualität war und ist triebhaft, ziemlich kopflos, fremd
> diszipliniert, fix, uniform, genital- und koitusfixiert [...]. Im Vergleich
> sind die Neosexualitäten flüssig, flexibel, pluriform wohllüstig [statt
> wolllüstig, G.S.], transitorisch, ziemlich kopfgesteuert, kalkulierter und
> musterloser, sexuell und zugleich nonsexuell, [...] selbstdiszipliniert
> und selbstoptimiert« (Sigusch 2013, S. 527).

»Verlangen verlangt nicht nach Befriedigung. Im Gegenteil, Verlangen verlangt Verlangen.« Diese von Zygmunt Bauman zitierte Aussage der Medienphilosophen Mark Taylor und Esa Saarinen (Bauman 1998, S. 20), bringt das Ressourcenmodell auf den Punkt. Poetischer hat ein anderer dies schon vor 200 Jahren formuliert: »So tauml' ich von Begierde zu Genuss, /Und im Genuss verschmacht ich nach Begierde«, lässt Johann Wolfgang von Goethe seinen Faust sagen (Faust I, Z 3249/50). Ganz unzeitgemäß war das, damals. Aber es erinnert uns daran, dass es im Bereich des Sexuellen schon immer alles gegeben hat und geben wird – wenn auch mit unterschiedlicher Dominanz.

Exkurs über »sexuelle Freiheit«

Mit dem Übergang vom vorliberalen Triebmodell zum postliberalen Ressourcenmodell veränderten sich unversehens auch die Vorstellungen von »sexueller Freiheit« (vgl. Zeile 11 der Übersicht). In der vorliberalen Zeit gab es zwei Typen von Freiheitsbewegungen, die unpathetischen und die pathetischen. Den *unpathetischen* Bewegungen ging es um die Freisetzung der Sexualität von einschränkenden Konventionen oder, noch nüchterner, um eine Ausweitung sexueller Optionen und Rechte. Beispiele hierfür sind Magnus Hirschfeld und die erste Schwulenbewegung, die Ende des 19. Jahrhunderts entstand, sich für die gleichgeschlechtliche Option einsetzte und gegen Diskriminierung und Verfolgung von Schwulen und Lesben kämpfte, oder die zweite Frauenbewegung in den 1970er und 1980er Jahren, die u. a. die Geschlechterangleichung im Hinblick auf sexuelle Optionen und Rechte durchsetzte und Respekt vor der sexuellen Besonderheit von Frauen und Männern einforderte.

Ein besonders weitreichendes unpathetisches Freiheitskonzept formulierte der US-amerikanische Sexualforscher Alfred Kinsey in der Mitte des letzten Jahrhunderts (vgl. Schmidt 2009b). Er begriff die (damalige) Zivilisation als Widersacher der Sexualität. Als Biologe und Taxonom hatte er sich, bevor er Sexualforscher wurde, jahrelang evolutionsbiologisch und wissenschaftlich sehr erfolgreich mit der unüberschaubaren Vielfalt der Erscheinungsformen eines Insekts, nämlich der Gallwespe, befasst. Als Sexualforscher faszinierte ihn nun die »unlimited nonidentity«, die unbegrenzte Ungleichheit des sexuellen Verhaltens der Menschen, und ihn erboste, dass diese für ihn wunderbare, »natürliche« Fülle durch die traditionelle Moral zur Monokultur des heterosexuell-prokreativ-ehelichen Koitus in Missionarsstellung verkümmerte. Er war, aus heutiger Sicht, ein naiver Naturalist. Aber er entzog sich der Versuchung, der die meisten SexualreformerInnen erlagen, nämlich sexuelle Richtigkeit zu definieren und zu verschreiben, und damit neue Grenzen zu setzen. Moderne Begriffe wie »Paraphilie« oder gar »sexuelle Gesundheit« wären Kinsey ein Gräuel gewesen. Ein 50-jähriger Mann, der seit seinem 15. Geburtstag jeden Tag mindestens einen Orgasmus hatte, und ein Gleichaltriger, der seit dem Jugendalter insgesamt nur drei Orgasmen erlebt hatte, waren für ihn nicht »sexuell süchtig« bzw. »sexuell gehemmt«, sondern präsentierten nur extreme Ausprägungen im Rahmen der »unlimited nonidentity«.

Die *pathetischen* Sexualbefreier dagegen wollten nicht nur sexuelle Möglichkeiten befördern, sondern gleich die ganze Welt durch den Sex retten. Ein prominentes und durchaus eindrucksvolles Beispiel dafür ist Wilhelm Reich (vgl. Reich 1932). Für ihn führt Sexualunterdrückung zum Bösen bis hin zum Faschismus; Sexualbefreiung erlöst nicht nur vom sexuellen Elend, sondern vom Übel schlechthin, von Aggression, Gewalt, sexuellen Verirrungen (für Reich gehörte auch die Homosexualität dazu), von der Lust an der Unterwerfung (also von autoritären Charakterstrukturen), vom Kapitalismus usw. Reich forderte Befreiung der Sexualiät und erwartete Befreiung, ja Erlösung *durch* Sexualität. Sexualität ist bei ihm das Primäre, der Dreh- und Angelpunkt für Gesellschaft und Persönlichkeit, und darin steckt eine Mystifizierung des Sexuellen, die Sexualrevolutionäre wie er verrückterweise mit ihren konservativen Widersachern – religiösen Eiferern wie gediegenen Soziologen, zum Beispiel Arnold Gehlen oder Helmut Schelsky – teilten. Letztere sahen in der Lockerung der Sitten den Zusammenbruch der Ordnung und den Untergang des Abendlandes, die Revolutionäre erhofften von der sexuellen Befreiung die Geburt des neuen Menschen. Beide, Konservative wie Sexualrevolutionäre, glaubten – pathetisch – an die *transformative Kraft des Sexuellen*: Sex war nicht nur Sex, sondern Aufbruch in eine bessere Welt oder Ruin der bürgerlichen Gesellschaft und Kultur. Der Sex war megaloman geworden. Diese Positionen findet man heute in Europa nur noch bei versprengten Minderheiten – bei religiösen Fundamentalisten und (ganz und gar entpolitisiert) bei New-Age-Esoterikern, die mit tantrischen Orgasmen in Lichtgefilde und zu Lichtgestalten aufsteigen wollen.

Auf dem Weg, die Sexualität von einschränkenden Konventionen und Geschlechtsrollenvorgaben freizusetzen, also hinsichtlich der unpathetischen Befreiung, haben wir es ziemlich weit gebracht, wie ich am Anfang dieses Kapitels dargestellt habe. Erleben wir heute diesen massiven Zuwachs an sexuellen Optionen und Rechten als

»Freiheit«? Freiheit spürt man nur in dem Moment, in dem man sie gewinnt. Danach wird sie zur Selbstverständlichkeit und Selbstverständlichkeiten spürt man nicht. Die in den 1940er Jahren Geborenen (randständig gehöre ich dazu), noch strikt sexualkonservativ erzogen, erfuhren in Adoleszenz oder jungem Erwachsenenalter den schnellen Zusammenbruch alter Normen, und viele hatten tatsächlich und flashlike das Gefühl, Ketten zu verlieren oder gar zu sprengen, wenn sie nun mit ihrer oder ihrem Liebsten schliefen, aus der Frühehe ausbrachen oder ihre Homosexualität mit »gay pride« lebten. Die Nachgeborenen tun dies auch – sie haben als Jugendliche Sex, trennen sich aus Beziehungen, leben ihre Homosexualität –, aber Ketten gibt es dabei nicht mehr zu verlieren.

Heute liegt *eine* Beschränkung sexueller Freiheit in der Eingrenzung und im Normierungszwang, unter dem symbolische Zuschreibungen der Sexualität stehen, zum Beispiel dann, wenn die Sexualität unter Kuratel permanenter Leidenschaft und sonstiger emotionaler Tiefe gestellt wird. Ein Beispiel aus der sexualtherapeutischen Diskussion: Der Paartherapeut David Schnarch unterscheidet das »Begehren aus der Fülle« und das »Begehren aus der Leere« (Schnarch 2000). Die Unterscheidung besagt, dass die metaphorischen Bedeutungen, die dem Sex zugeschrieben werden, sich entlang der Dimension »Fülle« – »Leere« anordnen lassen. Und schon die Wortwahl macht deutlich, auf welcher Seite Schnarch steht: Sex als Leidenschaft, Risiko, Entgrenzung, als Wagnis gegen die eigenen Ängste, als Abenteuer, als Explosion der Intimität, als Drama. All das kann Sexualität zweifellos, zum Glück und sehr gelegentlich, sein, ein *walk on the wild side*. Aber im Ernst: Was ist denn gegen eine Sexualität zum Trost in Traurigkeit oder Not, als Zeitvertreib gegen Langeweile, als gemütliches Ritual zur Bestätigung »wir sind ein Paar« oder aus Verantwortung gegenüber der Beziehung, oder als gemeinsame Unternehmung, wenn man sich gerade nichts zu sagen hat, usw., usf., – was ist gegen diese Formen des »Begehrens der Leere« eigentlich einzuwenden? Die Devise »hot or not« – Mann oder Frau sollten schon in Flammen stehen, bevor sie auf die Idee kommen, miteinander zu schlafen – ist das effektivste

Programm zur Verhinderung sexueller Akte und für eine abstinente Lebensweise. Der Soziologe John Gagnon betont, dass es an der Zeit ist, nicht nur dramatische Geschichten über die Sexualität zu erzählen, wie die Kliniker und Medien es so gerne tun, sondern das Alltägliche, Nicht-Mirakulöse, Nicht-Bemerkenswerte an ihr zu sehen, und fährt fort: »Die Menschen kommen nach der Arbeit nach Hause, essen zu Abend, sehen fern, haben Sex miteinander, legen sich schlafen« (Gagnon 1998, S. 360). So ist es. Sex als Alltagsverrichtung – zumindest ist das eine (prominente) seiner vielfältigen Möglichkeiten.

Solche Überlegungen könnten den Verdacht erregen, ich wollte hier das »Lob des vernüftigen Sex« als zweite Strophe zu Arnold Retzers »Lob der Vernunftehe« (Retzer 2009) singen. Loben will ich ihn nicht, den nicht-mirakulösen Sex, sondern nur daran erinnern, dass es ihn gibt und dass er wohl mehr Respekt verdient, als wir ihm gemeinhin zollen. Sollten Leserin oder Leser einwenden, meine Überlegungen gründeten sich auf einem rührenden Glauben an die Rationalisierbarkeit der Sexualität, so werde ich antworten, dass wir dem Glauben an die *Irrationalität* der Sexualität, der immer auch an diese pathetischen und transzendierenden Erlösungsfantasien *durch* Sexualität gekoppelt ist, viel zu lange in *rührender* Weise angehangen haben. Ich weiß, Entdramatisierung der Sexualität und Vervielfältigung ihrer symbolischen Zuschreibungen sind eine wenig glamouröse Vorstellung über die Erweiterung sexueller Freiheiten. Aber sie gewinnt ein utopisches Flair, wenn wir Kinseys »unlimited nonidentify« nicht aus dem Auge verlieren.

4. Sexfacts

Im Gefolge der Verhandlungsmoral sind die Erwartungen an die Reziprozität sexueller Begegnungen erheblich gestiegen (Simon 1995, S. 108). Die Vorstellung von der Wechselseitigkeit sexuellen Handelns und Erlebens ist eine zentrale Wertvorstellung geworden. Beide Partner sollen es wollen, beide sollen es schön und befriedigend finden, die Lust des anderen ist Teil der eigenen Befriedigung. Herkömmliche geschlechtsgebundene Vorgaben – zum Beispiel die, dass Männer initiativ, Frauen zuwartend sein sollen – gehören abgeschafft, sie sollen die Gegenseitigkeit nicht stören. Im Zuge dieser Entwicklung wird das Fehlen oder Erlöschen der Reziprozität das am häufigsten beklagte sexuelle Problem (vgl. Schmidt 1998b). Einer oder eine will und der oder die andere nicht, oder nicht so oft, oder anders. Scheinbar haben wir es dann mit einem lustlosen Mann oder einer lustlosen Frau zu tun; da Lustlosigkeit aber interaktiv ist, spricht man besser von einem lustlosen Paar oder, genauer, von einem Paar, bei dem die Wechselseitigkeit sexueller Wünsche aus dem Lot geraten ist oder gebracht wurde. Da unsere Medienkultur gerne skandalisiert und katastrophisiert, werden Lustlosigkeit und ihre kleinere Schwester, die sexuelle Langeweile, gelegentlich zu einer flächendeckenden, epidemischen Erkrankung gemacht. »Tote Hosen in deutschen Betten« heißt die kokett-entsetzte Schlagzeile der Boulevardzeitung; kaum weniger dramatisch beklagt ein Philosoph die »frenetische Frigidität« (Baudrillard 1992, S. 13) seiner Zeitgenossen. Und die pharmazeutische Industrie bemüht sich, noch eine Pille für noch eine erfundene Krankheit zu entwickeln (zur Kritik s. Moynihan 2003). Bei so viel Aufregung ist es gut, die Kirche wieder ins Dorf zu stellen und zu fragen: Wie sexuell sind feste Beziehungen heute?

Wie oft?

Die Häufigkeit von Sex in festen Beziehungen variiert enorm. 3% der fest liierten 30–60-jährigen Männer und Frauen haben vor mehr als fünf Jahren das letzte Mal Geschlechtsverkehr gehabt (Schmidt et al. 2006). 5% hingegen haben in den letzten vier Wochen mindestens jeden zweiten Tag mit ihrem Partner oder ihrer Partnerin geschlafen. Abbildung 4 zeigt eine detailliertere Aufstellung. Daraus lässt sich entnehmen, dass für die meisten Paare die gemeinsame Sexualität nach der Phase der Verliebtheit weder im Zentrum noch am Rande ihrer Beziehung steht; sie ist vermutlich ein nicht so spektakulärer, eher profaner Teil ihres Alltagslebens. Die Zufriedenheit überwiegt. 60% der Befragten erteilen ihrer Sexualität mit dem Partner die Note »sehr gut« oder »gut«, 7% die Note »mangelhaft« oder »ungenügend«.

	60-Jährige	45-Jährige	30-Jährige
Gemeinsames Sexualleben aufgegeben	14%	3%	0%
Sporadischer Sex (1–10 Mal im Jahr)	11%	11%	10%
Niedrige Frequenz (1–3 Mal im Monat)	25%	24%	23%
Hohe Frequenz (1 Mal pro Woche oder mehr)	50%	62%	66%

Abb. 4: Häufigkeit von Sex in festen Beziehungen (Schmidt et al. 2006)

Die durchschnittliche Häufigkeit (aller fest liierten 30–60-jährigen Männer und Frauen zusammengefasst) liegt bei sechs Mal monatlich miteinander schlafen. Das entspricht in etwa den Werten, die man heute überall in den westlichen Industriegesellschaften findet (vgl. Schmidt 1996a). Sie liegen niedriger als in den Kinsey-Reporten, was dafür spricht, dass Paare heute, gemessen an der Frequenz des Geschlechtsverkehrs, sexuell inaktiver als vor 50 oder 60 Jahren sind. Sind wir also doch »frenetisch frigide«, desexualisiert inmitten einer Umwelt, die mit sexuellen Reizen vollgestopft ist, die sexuelle Wünsche womöglich aufsaugt und betäubt? Vermutlich nicht. Eher kann man annehmen, dass die Geschlechtsverkehre von damals und heute nicht recht vergleichbar sind. Im Zeichen des alten »Dampfkesselmodells« der Sexualität (vgl. Kapitel 3) musste der Dampf eben nur abgelassen werden: einigermaßen regelmäßig, kurz, schmucklos, routiniert, ähnlich dem Zähneputzen, und wie dies kurz vor dem Einschlafen. Die Männer standen diesem Modell näher und eventuelle Unterschiede im sexuellen Drang von Mann und Frau wurden im Sinne der alten Geschlechterordnung pragmatisch und ein wenig herzlos »aufgelöst«: Sexualität wurde als eheliche Dienstleistung – meistens im Sinne des Prinzips »Ein Mann braucht das« – abgerufen und gewährt. Diese Zeiten sind vorbei, so gut wie. Die mechanisch-energetische Sichtweise der Sexualität tritt in den Hintergrund, eine psychologisierende und ästhetisierende in den Vordergrund. Wenn aber, wie heute, Sexualität verstanden wird als reziprokes Handeln und Erleben, als Ausdruck und Erfahrung von Intimität, als Beleg für Sensibilität und erotische Kompetenz, dann wird sie dem Ideal nach zu einem entfalteten, fantasiereichen, erfinderischen und beide Partner erfüllenden Akt – und den produziert man nicht jeden Tag oder alle zwei Tage. Soll er gelingen, müssen viele Bedingungen erfüllt sein: Nähe muss fühlbar oder gewünscht, beide Partner müssen für den Akt gestimmt sein und Zeit füreinander haben – Bedingungen, die auch bei den glücklicheren Paaren nicht so oft erfüllt sind. Unsere Buchhaltung für lebendige Sexualität folgt aber noch – auch mit kräftiger Unterstützung der

Sexualwissenschaft – dem antiquierten Maßstab der Koitushäufigkeit, einer – gemessen am heutigen Liebesideal – atavistischen Art der Qualitätssicherung. Als sei routinierter Sex drei Mal in der Woche irgendwie vergleichbar mit aufwühlenden, heiteren oder verspielten Nächten und Tagen sagen wir, einmal im Quartal. Die Vorstellung von Sex als periodischer Mechanik steckt noch tief in uns drin, obwohl wir uns eigentlich weit davon entfernt haben. Und so geraten die heutigen geringeren Sexfrequenzen zu einem der vielen Vexierbilder, die typisch sind für spätmoderne Landschaften: Mal erscheinen sie uns als Ausdruck kollektiver sexueller Langeweile, mal als Ausdruck sexueller Verfeinerung und Sophistikation.

Dauer und Leidenschaft

Lange hat man den Einfluss des Alters auf die sexuelle Aktivität überschätzt. Man stellte fest, dass jüngere Paare häufiger miteinander schlafen als ältere, und selbst so akribische Sexualforscher wie Alfred Kinsey führten dies auf die biologisch verstandene Kategorie »Alter« zurück und ließen außer Acht, dass sich Jüngere und Ältere nicht nur nach Lebensjahren unterscheiden, sondern auch nach der Dauer der Beziehung, in der sie leben. Das ist ein schönes Beispiel dafür, wie biologische Kategorien verabsolutiert und essenzialisiert werden und die soziale Dimension, die sie auch repräsentieren, übersehen oder einfach vergessen wird.

Dabei ist es eine Binsenweisheit, dass sexuelle Leidenschaft mit der Dauer der Beziehung abnimmt, und viele neuere Studien haben dies belegt (vgl. Übersicht bei Bozon 2001; vgl. auch Klusmann 2000). Die Dauer der Beziehung beeinflusst die Koitushäufigkeit deutlich stärker als das Lebensalter, zumindest bis zu einem Alter von 60 Jahren. Vergleicht man 30-, 45- und 60-Jährige, die in gleich langen Partnerschaften leben, dann findet man nur geringe Unterschiede in der sexuellen Aktivität zwischen den Altersgruppen (Abbildung 5 oben). Anders und konkreter ausgedrückt: Eine 60-jährige Frau, die seit zwei Jahren mit ihrem

Partner zusammen ist, ist – gemessen an der Häufigkeit des Geschlechtsverkehrs – sexuell aktiver als ein 30-Jähriger, der zehn Jahre lang liiert ist.

Interessanterweise ist der Rückgang der sexuellen Aktivität mit der Beziehungsdauer kein kontinuierlicher oder linearer Prozess (Abbildung 5 unten). In den ersten vier bis fünf Beziehungsjahren kommt es zu einer deutlichen Abnahme der Koitusfrequenz, danach bleibt sie 20 bis 25 Jahre lang ziemlich stabil. In der Phase der Verliebtheit und Paarbildung (den ersten Jahren) kommt es sehr häufig zum Sex;

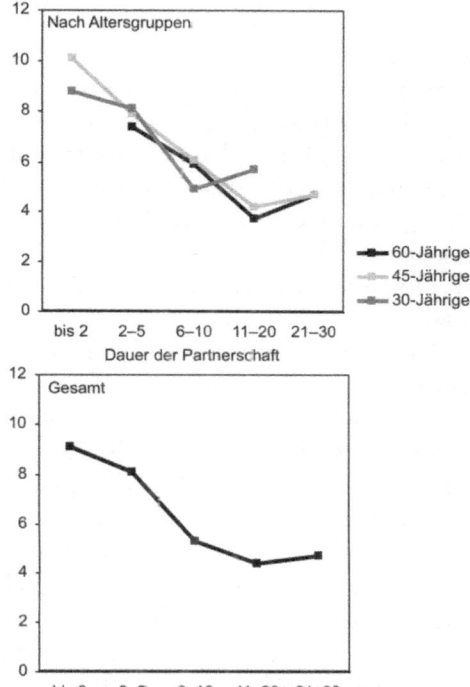

Abb. 5: Dauer der Beziehung und durchschnittliche Häufigkeit des Geschlechtsverkehrs in der letzten vier Wochen (Schmidt et al. 2006)

etablierte Paare (solche, die über vier, fünf Jahre zusammen sind) schlafen deutlich seltener miteinander, aber über Jahre hinweg auf einem konstanten Niveau. Die Abbildung zeigt durchschnittliche Tendenzen, den »Mainstream« sozusagen, im Einzelfall kann es davon natürlich große Abweichungen geben.

Zwei Fragen kann man zu diesen Befunden stellen. Die erste ist: »*Warum machen es die etablierten Paare so selten?*« Diese Frage

53

(die uns, wenn wir ehrlich sind, am ehesten in den Sinn kommt) deklariert die Sexualität der Etablierten als erklärungsbedürftig: Ihre Sexualität wirkt irgendwie defizitär und die hohen Frequenzen der Verliebten allgemein wünschenswert. Die häufigsten Antworten auf diese Frage erscheinen durchaus plausibel: Abschleifen der erotischen Spannung durch Gewohnheit, Routine, Wiederholung, zunehmende Alltagsbelastungen, auch durch Kinder. Der Einfluss der Kinder ist allerdings eher nebensächlich: Die Abnahme der Koitusfrequenz in den ersten Beziehungsjahren findet man auch bei Paaren ohne Kinder (Klusmann 2000).

Die zweite Frage wird seltener gestellt, ist aber wichtig, um zu Antworten jenseits von Gewohnheit und Belastung zu kommen: »*Warum machen es die frisch Liierten so oft?*« Offenbar hat Sexualität in verschiedenen Phasen der Partnerschaft unterschiedliche Bedeutungen für das Paar. In der Phase der Paarbildung, wenn man sich noch fremd ist, bietet Sexualität anscheinend eine prominente Möglichkeit, Nähe und Zusammengehörigkeit unmittelbar und intensiv zu erleben und auszudrücken und somit eine intime Beziehung aufzubauen und zu erkunden, ob dies mit diesem Partner oder dieser Partnerin möglich ist. Der häufige Sex trägt dazu bei, die Beziehung durch intensive Erlebnisse zu lizensieren und ist Teil der für diese Phase typischen (und anstrengenden) emotionalen Lebendigkeit. Etablierte Paare haben sich entschieden (vorerst zumindest), zusammenzubleiben, sie haben ein stärkeres Gefühl der Bindung, eine gemeinsame Geschichte, mehr Sicherheit und ein größeres Repertoire, Zusammengehörigkeit, Verbindlichkeit und Geborgenheit zu erleben. Kinder und äußere Umstände (Zusammenwohnen, gemeinsamer Besitz, gleiche soziale Netzwerke) machen Beziehungen schwerer kündbar. Häufiger Sex wird für den Zusammenhalt und das Erleben, ein Paar zu sein, weniger zentral. Aber eine kontinuierliche Sexualität, die im Alltag präsent ist, bleibt zur Definition des Paares als »Liebespaar« und zur Unterscheidung von anderen nahen Beziehungen wichtig. Dies erklärt auch, warum das Absinken der Koitusfrequenz nach etwa fünf Beziehungsjahren zum Stillstand kommt und sich auf einem Niveau von durchschnittlich ein Mal in der Woche stabilisiert. Diese Frequenz reicht offenbar aus, um die Besonderheit der Partnerschaft als Liebesbeziehung zu markieren.

Ich habe oben (Kapitel 2) beschrieben, wie mit dem Verlust materialer und existenzieller Aufgaben des Paares und der Familie Intimität und Gefühle immer mehr zum Inhalt und Siegel von Beziehungen wurden. Diese Entwicklung machte, wie Philippe Ariès (1984) einmal sagte, dem modernen Paar sexuelle Leidenschaft beinahe zur Pflicht. In dieser Situation erleben viele Paare die Abnahme der sexuellen Aktivität im Übergang von Verliebtheit zur etablierten Partnerschaft als irritierend, beunruhigend und problematisch, und stellen womöglich ihre Beziehung oder ihre Qualitäten als Geliebte oder Geliebter infrage – zumindest vorübergehend, bis sie ihren Frieden damit machen können, dass Perioden sexueller Ruhe oder Langeweile ein fester Bestandteil fester Beziehungen sind. Das Paar kann den Sex von metaphorischen Überladungen (»Leidenschaft«, »Abenteuer«, »hot or not«) befreien, Sex darf nun auch gemütlich, innig, vielleicht auch banaler und alltäglicher werden, man kann sich dafür entscheiden, »es« einfach einmal zu machen, ohne in Flammen zu stehen, als Ritual zur Bestätigung der Liebesbeziehung usw. Vielen Paaren scheint das zu gelingen. Immerhin 60% der Männer und Frauen, die in etablierten Beziehungen leben, geben an, dass sie selbst oder ihr Partner im letzten Jahr zumindest gelegentlich »zu wenig Lust auf Sex« hatten; aber nur jeder oder jede Zehnte von ihnen sagt, dass er oder sie stark oder gar sehr stark unter solchen Flauten des Verlangens leiden. Die meisten nehmen die gelegentliche Widerspenstigkeit der Sexualität eher gelassen hin. Vermutlich ist das auch deshalb so, weil die Abnahme der Frequenz mit einer neuen Qualität der Sexualität einhergehen kann. »Verloren haben wir das Überschäumende, das gewisse Unbekannte, das Kribbeln im Bauch«, sagt zum Beispiel eine 45-jährige Frau, die seit 24 Jahren mit einem Mann in fester Beziehung lebt, in unserer Studie *Spätmoderne Beziehungswelten*, »aber wir haben uns besser kennengelernt, können sensibler aufeinander reagieren, haben mehr Offenheit in der Sexualität, eine tiefere Sexualität.«

Intime Arbeitsteilung

Der Geschlechtsverkehr ist eine gemeinsame Aktion des Paares und kommt durch eine gemeinsame Entscheidung der Partner zustande. Ist das sexuelle Verlangen beider Partner unterschiedlich stark, setzt sich einer durch oder es werden Kompromisse geschlossen. In Zeiten vor der Geschlechterdebatte (bis in die 1970er Jahre), also unter »patriarchalen« Verhältnissen, setzten sich meistens die Männer durch; heute, im Zeichen des Ideals reziproker Sexualität, wonach Sex nur akzeptabel ist, wenn beide ihn wollen und beide etwas davon haben, setzt sich in der Regel der oder die mit dem geringeren Verlangen durch (Clement 2004). Koitusfrequenzen, die wir bisher betrachtet haben, sind so oder so ein gemeinsames Produkt des Paares; in welchem Ausmaß sie den Wünschen des Mannes oder der Frau entsprechen, geht aus ihnen nicht hervor. Deshalb ist es wichtig, sich auch die Veränderungen des sexuellen Verlangens und anderer intimer Wünsche, zum Beispiel nach Zärtlichkeit und nicht-genitaler körperlicher Intimität, im Verlauf einer Beziehung bei beiden Partnern separat anzusehen.

Abbildung 6 zeigt, dass am Anfang einer Beziehung, in der Verliebtheitsphase, sowohl der Mann als auch die Frau viel Lust auf häufigen Sex haben und sich viel Zärtlichkeit miteinander wünschen. Danach kommt es zu einem *gendering* also zu einer geschlechtstypischen Aufteilung sexueller und zärtlicher Wünsche: Bei etablierten Paaren ist der Wunsch nach Sex bei Männern größer als bei ihren Partnerinnen, der Wunsch nach Zärtlichkeit ist hingegen bei den Frauen größer als bei ihren Männern. Das klingt wie aus dem Museum der Geschlechtsstereotype, doch andere Studien kommen zu gleichen Ergebnissen, übrigens auch bei jungen und hochgebildeten Männern und Frauen mit wenigen Geschlechtsrollenklischees (vgl. Bozon 2001; Klusmann 2000). Alle Studien spiegeln natürlich nur statistische Tendenzen wider, die die Verhältnisse beim »typischen« heterosexuellen Paar darstellen; natürlich gibt es auch Paare, die die Reziprozität des sexuellen und zärtlichen Verlangens aufrecht erhalten, und (eher selten) auch solche, bei denen der Mann für Zärtlichkeit und die Frau für Sex zuständig ist.

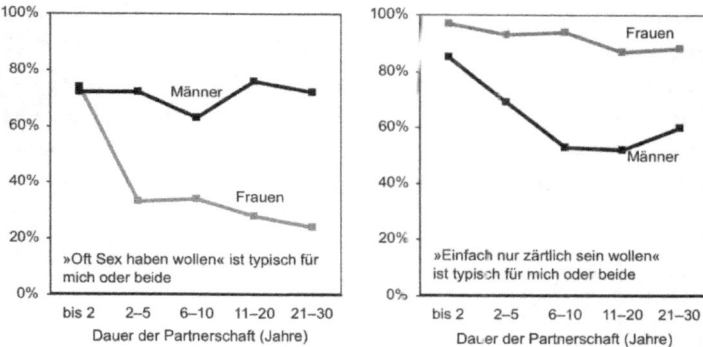

Abb. 6: Dauer der Beziehung und Wunsch nach Sex und Zärtlichkeit (Schmidt et al. 2006)

Im Verlauf von Partnerschaften kommt es also zu einer Arbeitsteilung zwischen den Partnern: Der eine (eher der Mann) übernimmt die Verantwortung für den Sex und ist dafür zuständig, dass das Paar den Sex nicht vergisst; der andere (eher die Frau) übernimmt die Verantwortung für die nichtsexuelle Intimität und erinnert das Paar an die Wichtigkeit von Zärtlichkeit und Austausch. Vermutlich gibt es diese Arbeitsteilung auch bei etablierten schwulen und lesbischen Paaren, nur kann sie hier nicht geschlechtsspezifisch organisiert werden. Das arbeitsteilige Arrangement der sexuellen und nichtsexuellen Intimität bei Paaren ist vermutlich funktional und nützlich, um diese beiden wichtigen Bereiche einer Partnerschaft in der Auseinandersetzung und lebendig zu erhalten. Wir sollten ein solches Ungleichgewicht deshalb nicht beklagen, sondern als Stimulans für die Lebendigkeit der Beziehung betrachten. Zugleich ist dieses Ungleichgewicht jedoch immer auch heikel, denn das arbeitsteilige Arrangement kann völlig entgleisen: Die Wünsche nach Zärtlichkeit und Sex werden auf die Partner immer einseitiger verteilt, der (die) eine fordert offensiv und vergeblich, der (die) andere steht defensiv mit dem Rücken zur Wand und hat den Zugang zu seinen oder ihren Wünschen verloren. Es kommt zur Symptomatik des lustlosen Paares mit dem typischen Klageduett: Mein Mann (seltener: meine Frau) will zuviel Sex und zu wenig Zärtlichkeit – meine Frau (seltener: mein Mann) will nie Sex und immer nur Zärtlichkeit (oder miteinander reden). Diese Partner werden wieder gerne miteinander schlafen, wenn es ihnen gelingt, Defensivität und Offensivität weniger einseitig zuzuweisen, also wieder gerechter zu verteilen.

5. Kindersexualität und sexuelle Entwicklung

In der zweiten Hälfte des 19. Jahrhunderts fand in den urbanen bürgerlichen Schichten eine sexuelle Revolution statt (Oosterhuis 2000). Sie war stiller, innerlicher und vollzog sich eher hinter den Kulissen als die laute, schrille, öffentlich sichtbare sexuelle Revolution der 1960er und 1970er, aber die spätere ist ohne die frühere nicht denkbar.

Eine sexuelle Revolution im 19. Jahrhundert

Was geschah damals, zwischen 1850 und 1900? Sexualität wurde *psychologisiert*, sie wurde mit Wünschen, Sehnsüchten, Leiden, Fantasien und Empfindungen ausgestattet; Sexualität wurde *biografisiert*, ihr wurde ein Platz in der Lebensgeschichte des bürgerlichen Individuums, in seiner Entwicklung zugewiesen; und Sexualität wurde *Teil der Identität*, der Selbstgewissheit des Menschen, das heißt Teil seiner Besonderheit, seiner Individualität.

Deutlich wurde dies zunächst an den Selbstdarstellungen der sexuell Anderen, der sexuell Ungewöhnlichen, die nun immer häufiger ihre Geschichten erzählten, und an den wissenschaftlichen Diskussionen über sie. Prototypisch hierfür ist das Werk Karl Heinrich Ulrichs (1864–1879/1994), der in den 1860ern eine bis heute geltende und überwältigend konsensuelle Denkfigur schuf, der zufolge Homosexualität und vice versa Heterosexualität tief in die Persönlichkeit verankerte Eigenarten sind, Teil der Persönlichkeit und des Charakters (vgl. Kapitel 10). Für Ulrichs ist die sexuelle Besonderheit lange vor ihrem Ausbruch, vor ihrem Manifestwerden in Adoleszenz oder Erwachsenenalter vorhanden oder angelegt, und so wurde er nicht müde, die Erinnerungen homosexueller Männer an ihre Kindheit zu sammeln und zu publizieren – autobiografische Skizzen, die ihm seine Leser zusandten und in denen die frühe Andersartigkeit betont wurde: Prähomosexuelle Kinder präsentierte er, seiner Theorie gemäß, als sanfte, sensible Knaben, begabt mit den Stärken und Schwächen, die damals und heute eher als mädchentypisch gelten. Nicht die Einzelheiten, die konkreten Ausformungen dieser Theorie, von denen viele heute als fragwürdig gelten, sind in unserem Zusammenhang wichtig, sondern die sich dahinter verbergende Denkfigur: Sexuelle Eigenart als individuelle Entwicklung, als Teil der Persönlichkeit und Identität.

Auch Krafft-Ebing, der Ende des 19. Jahrhunderts in Graz und Wien lehrte, war keineswegs, wie oft kritisiert wird, nur der finstere Geselle, der sexuelle Abweichungen benannte, um sie verfolgbar zu machen; der sie pathologisierte und ins normative Abseits beförderte. Er publizierte neben seinen psychiatrischen Fallgeschichten auch viele autobiografische Zeugnisse, die ihm seine Leser zusandten, homosexuelle Männer und Frauen, Sadomasochisten, Fetischisten usw. Wie wir heute wissen, veröffentlichte er diese Zeugnisse unbearbeitet und unzensiert (vgl. Oosterhuis 2000). Krafft-Ebing gab diesen Menschen in seiner »Psychopathia sexualis« (Krafft-Ebing 1886) ein Forum und ermutigte seine Leser, ihre Geschichten aufzuschreiben, sie sich selbst oder anderen zu erzählen und zu reflektieren, sie durch Selbstreflexivität, wie wir heute sagen würden, in ihre Persönlichkeit »einzubauen«. Er wurde Zeitzeuge dessen, was der niederländische Historiker Harry Oosterhuis (2000) »the making of sexual identity« nannte, und einer ihrer frühen Katalysatoren und Beschleuniger. Um 1900 explodierten die sexualwissenschaftlichen Diskurse (Sigusch 2008). Es war aber keineswegs so, dass diese Diskurse von den Wissenschaftlern eingepflanzt wurden, wie Foucault postulierte. Auch die frühbürgerliche sexuelle Revolution war eher eine von unten, ein »grassroots«-Phänomen.

Die Wissenschaftler beschrieben sie, versuchten ihr eine Form zu geben, schufen Vorlage und Anleitung, über die eigene Sexualität nachzusinnen und lieferten diesem Bemühen einen theoretischen oder kulturellen Rahmen. Am erfolgreichsten hat dies die Psychoanalyse getan, die ohne die frühbürgerliche Revolution nicht denkbar wäre, und die sie zugleich tief beeinflusst hat.

Da diese Revolution, wie wir gesehen haben, Sexualität biografisierte, machte sich die Wissenschaft schnell und konsequent auf die Suche nach den Spuren, Vorläufern und Prägungen der Sexualität in der Kindheit. Im ersten Jahrzehnt des 20. Jahrhunderts entstanden zwei bedeutsame, bis heute nachwirkende Werke zur Kindersexualität: 1905 Sigmund Freuds nicht einmal 30 Seiten umfassendes Kapitel »Die infantile Sexualität« in den *Drei Abhandlungen zur Sexualtheorie*, und vier Jahre später, 1909, Albert Molls über 300 Seiten starkes Buch *Das Sexualleben des Kindes*. Moll zitiert Freud, Freud zitiert Moll (in den späteren Ausgaben der »Abhandlungen«), aber beide tun das vorrangig in Fußnoten, sie haben sich nicht viel zu sagen. Denn beide vertreten paradigmatisch andere Sichtweisen, die sich bis heute gegenüberstehen. Ich nenne ihre Ansätze das homologe (Moll) und das heterologe (Freud) Konzept der Kindersexualität.

Zwei Modelle der Kindersexualität

Die Vertreter des *homologen Modells* betonen strukturelle Ähnlichkeiten von Kinder- und Erwachsenensexualität, sehen vor allem quantitative Unterschiede, interessieren sich für die erwachsenentypischen, para-adulten Formen kindlicher Sexualität als Vorformen späterer Sexualität und erforschen dementsprechend sexuelle Reaktionen (Erektion, Erregung, Orgasmus), sexuelle Verhaltensweisen (Masturbation, sexuelle Handlungen mit anderen), aber auch psychosexuelle Phänomene (Fantasie, sexuelle Attraktion) und soziosexuelle Aspekte (Verlieben, Schwärmen) von Kindern. Die Linie der Forscher erstreckt sich von Moll und seinen Zeitgenossen (vor allem

Havelock Ellis) über Kinsey (der ein gewichtiger Vertreter der homologen Linie war) bis hin zu den empirisch forschenden zeitgenössischen Kolleginnen und Kollegen, deren Arbeiten John Bancroft, ehemals Direktor des Kinsey Instituts, vor wenigen Jahren in einem umfangreichen Band *Sexual Development in Childhood* versammelt hat (Bancroft 2003a).

Die Vertreter der *heterologen Sicht*, vor allem Psychoanalytikerinnen und Psychoanalytiker, bestehen dagegen auf der Besonderheit und auf der strukturellen wie qualitativen Unterschiedlichkeit der infantilen Sexualität. Diese sei polymorph sinnlich, ziemlich unersättlich und durchlaufe quasi naturhaft vorgezeichnete Phasen, von den oralen Lüsten (Hautkontakt. Reizung der Mundschleimhaut, Lutschen, Saugen, Verschlingen, Zerbeißen) über die analen Lüste (Reizung der Analschleimhaut, Maximierung des Gewinns aus Zurückhalten und Loslassen) bis zu den phallischen Lüsten genitaler Stimulation. Die Berechtigung, diese Formen der Sinnlichkeit »sexuell« zu nennen, nimmt Freud aus der Annahme, dass sie energetisch aus der gleichen Quelle wie die spätere Sexualität gespeist werden: aus dem Sexualtrieb, der Libido. Moll hatte für eine solche Erweiterung des Sexualitätsbegriffs wenig Verständnis. Lapidar bemerkt er: »Was er [Freud, G. S.] [...] als Symptome infantiler Sexualität schildert, z. B. gewisse Saugbewegungen, hat meiner Meinung nach mit dem Geschlechtsleben des Kindes nichts zu tun« (Moll 1909, S. 13) – und spricht damit auch den späteren Homologikern aus der Seele.

Das homologe Modell der Kindersexualität

Betrachten wir zunächst einige Ergebnisse der homologen Position und einige ihrer Probleme und Besonderheiten. Methodisch verlassen sich diese Forscher auf die Beobachtung und Befragung von Kindern, auf die Befragung der Eltern oder Bezugspersonen (meistens bei kleineren Kindern) und auf die Befragung (möglichst junger) Erwachsener über das, was sie an kindlichen Sexualerlebnissen erinnern. Was haben diese Forscher und Forscherinnen gefunden? Zwei Ergebniskomplexe lassen sich ausmachen:

1. Bei Kindern, selbst bei Kleinkindern, finden sich fast alle sexuellen Phänomene, die wir vom Erwachsenen kennen: Sexuelle Neugierde, genitale Stimulation, sexuelle Erregung, Wollust, Erektion und Orgasmus mit allen Kennzeichen vom verlorenen Blick über Atembeschleunigung bis hin zum Muskelspasmus. Diese Reaktionen sind nicht so ubiquitär und zielgerichtet wie beim Erwachsenen und in der Regel eher seltene Ereignisse. Auch die erotisch getönte Verliebtheit mit allen somatopsychischen Begleiterscheinungen wird beschrieben, zum Beispiel schon Ende des 19. Jahrhunderts vom italienischen Sexualforscher Paolo Mantegazza in seiner *Physiologie der Liebe*, und weil seine Beschreibung so leidenschaftlich ist wie die kleinen Jungen, um die es geht, will ich sie zitieren:

> »Die schönsten Mädchen [...] wissen oft nicht, dass unter der Schar ihrer Anbeter sich auch winzige Knaben befinden, welche die aus ihrem Busen gefallenen Blumen im geheimen küssen, welche verstohlen wie [...] Diebe in das von ihrem Engel bewohnte Zimmer eilen, um das Bett zu küssen, um auf den Teppich zu knien wo die Füße jenes Weibes ruhen, welches sie über alle Geschöpfe stellen. [...] Wie oft ahnt ein mit den kindlichen Locken eines Knaben spielendes Weib nicht im entferntesten, dass, während es sein Haupt auf seinen Schoß legt, ein kleines Herz unter den Liebkosungen heftig schlägt, und weiß auch nicht, dass, als das Kind das krause Köpfchen emporhebt, es nicht aus Congestionen errötet ist, sondern infolge eines ihm unbekannten Feuers, des Liebesfeuers, glüht« (Montegazza 1891, S. 41).

Mantegazza spricht von der »Dämmerung der aufgehenden Liebe«. Diese Metapher kennzeichnet die homologe Position sehr treffend: Kindersexualität als Vorform, Vorbote, als erstes Aufscheinen der Erwachsenensexualität.

2. Selbst in Zeiten der Liberalisierung, also heute, sind die Äußerungsformen kindlicher Sexualität nicht omnipräsent, sondern eher gelegentlich und periodisch auftretende Phänomene. Etwa 40% heu-

tiger junger Erwachsener erinnern sich an präpuberale Masturbation, etwa 60% an präpuberale sexuelle Spiele mit anderen. Das sind mehr als in der vorliberalen Zeit, also zum Beispiel bei Kinseys Befragten. Die Veränderungen sind bei den Frauen stärker als bei den Männern, die Geschlechtsunterschiede haben sich aus- oder angeglichen (vgl. Reynolds et al. 2003; Bancroft 2003b), sodass wir bei Kindern offenbar die beiden großen Trends wiederfinden, die für den Wandel des sexuellen Verhaltens Jugendlicher und Erwachsener kennzeichnend sind: Liberalisierung und *gender equalization* (vgl. Kapitel 7). Allerdings stoßen wir hier auf das große Problem mit retrospektiven Daten zur Kindersexualität: Hat sich das Verhalten verändert, oder nur die Erinnerung – oder beides? Ich werde darauf zurückkommen. Übereinstimmend zeigen heutige und frühere Studien hingegen Folgendes: In der Regel sind die manifest sexuellen Erfahrungen von Kindern sporadisch, erstrecken sich über einen kurzen Zeitraum der Kindheit und gehen bei etwa der Hälfte der erfahrenen Kinder nicht über »Zeigen- und Anguckspiele« hinaus. Kein Zweifel: In den Erinnerungen Erwachsener sind ihre infantilen sexuellen Erlebnisse eher ein randständiges Phänomen. Was lässt sich grosso modo sonst noch vermerken? Gleichgeschlechtlicher Sex ist nicht so viel seltener als gegengeschlechtlicher, Kinder sind in ihren sexuellen Interessen offenbar geschlechtsoffener, undifferenzierter (wie Moll notierte), also irgendwie doch polymorpher als Erwachsene. Und: Die sexuellen Aktivitäten nehmen zur Pubertät hin ständig zu, auch in der sogenannten Latenz. Wie wenig die frühe Vorpubertät ein sexuelles Moratorium ist, wird auch an Studien deutlich, die soziosexuelle Phänome berücksichtigen: Nach einer neueren niederländischen Studie von Jany Rademakers und Kollegen (an einer sehr kleinen Stichprobe) sagen die Hälfte der Acht- und Neunjährigen, dass sie gerade verliebt sind oder es schon einmal waren (Rademakers 2003). Kurz: Aus homologer Sicht ist die Freud'sche Latenzphase ein Phantom und die empirischen Ergebnisse hierzu sind eindeutig.

Homologiker tendieren dazu, in sexuellen Reaktionen und Akten zu denken, nicht in Bedeutungen oder Beziehungen. Indem sie die kindliche Sexualität der Erwachsensexualität analogisieren, übersehen sie, dass gleichförmige Handlungen noch lange nicht dasselbe bedeuten, weil Kinder noch nicht die sexuellen Skripte und Bedeutungszuschreibungen der Erwachsenen haben. Das Manipulieren der Genitalien, selbst wenn es zu Erregung und Orgasmus führt, ist beim Kind immer etwas anderes als die Masturbation des Erwachsenen mit erotischen Fantasien, Szenen und Geschichten. Die heterologe Position hingegen kann man, Volkmar Sigusch paraphrasierend, so kennzeichnen: Das Kind begehrt, aber nicht wie der Erwachsene – und nicht den Erwachsenen (Sigusch 2010).

Exkurs: Der soziale Kontext von Erinnern und Erleben

Ich komme auf das Problem der Erinnerung zurück und will es noch einmal an einem Beispiel verdeutlichen: Schwule Männer erinnern sich deutlich häufiger an gleichgeschlechtliche kindliche Sexualspiele als heterosexuelle Männer (Schmidt 1978; Kannmacher 1983). Ist das Ausdruck ihrer früh sich manifestierenden Präferenz? Oder erinnern sie sich an diese Spiele nur besonders leicht, weil sie für sie besonders schön waren? Oder organisieren sie ihre Biografie retrospektiv im Sinne einer kohärenten Geschichte oder Identität? Wir wissen es nicht und können nur vermuten, dass unser Selbstkonzept als Erwachsener, aber auch die zeitgenössischen sexuellen Diskurse, in denen wir stehen, unsere Erinnerung beeinflussen und vor allem die Interpretation des Erinnerten und die Bedeutung, die wir dem Erinnerten verleihen, prägen. Hierzu vermag ich zwar keine Forschungsergebnisse, aber eine Anekdote zu präsentieren. In seinen *Notizen zur Geschichte des Fühlens* berichtet der österreichische Philosoph Günther Anders, wie psychoanalysebegeisterte New Yorker Studentinnen in den 1940ern »Libido büffeln [und] sogar vor ihren Kolleginnen über ihre Inzestgelüste referieren; und wehe, wenn sie keine findet – jede hat sie, genauso wie Leber und Nieren; und die erforderliche Punktezahl für das Examen muss erreicht werden«

(Anders 1986, S. 86). Knapp fünfzig Jahre später, in den 1990ern, geht es auf dem Campus ganz anders zu, wie die Soziologin und Feministin Frigga Haug berichtet. Nun fühlen sich diejenigen in der Gruppe der Studentinnen isoliert, die keinen *sexuellen Missbrauch* erinnerten: »Sexual child abuse ist Teil des öffentlichen Gesprächs, gehört auf jede Party, ja, es erscheint wie bei der Frage der Psychotherapie eher ungehörig, nicht betroffen zu sein« (Haug 1994, S. 14). In den Erinnerungen an die kindliche Sexualität wird, je nach diskursivem Umfeld, mal die Lust auf den Vater, mal der destruktive sexuelle Angriff thematisiert. Dies ist ein Beispiel dafür, wie die aktuellen sexuellen Diskurse die Rekonstruktion der sexuellen Biografie und damit die Erinnerung beeinflussen können.

Für den sozialen Kontext, in dem sich Kindersexualität abspielt, für deren Erlebnisqualität und für die historischen Veränderungen dieser Qualität interessiert sich die Forschung nur am Rande, auch dazu kann ich deshalb nur eine Geschichte erzählen, die zeigt, wie spannend solche soziologischen oder sozialhistorischen Fragestellungen sein können. In meiner Generation wussten Kinder, dass man sich »dabei« nicht erwischen lassen darf, wir hatten die »Verschwörung des Schweigens«, die über dem Sexuellen lag, auf eine schwer fassbare Art aufgesogen, auch wenn wir nie bestraft worden waren, und tauchten in die Heimlichkeit ab. Heute machen Dreijährige Doktorspiele in der Ecke des Wohnzimmers, unter den Augen der Eltern, und die Mutter weist sie freundlich und dezent darauf hin, dass sie das vielleicht besser nebenan tun sollten, weil es ihr zu nahe tritt; die Tochter erzählt dem Vater nach dem Kindergarten freudestrahlend, dass sie und ihr Freund Max Möse und Schwanz angeguckt haben; der Vierjährige fragt die Mutter beim Schmusen freundlich, ob sie auch mal seinen Pimmel küssen würde; Sechsjährige erheben regelrechte Sexualanamnesen und fragen die Eltern, wie oft sie schon gesext oder gelutscht haben und ob sie das immer noch tun – und schütteln sich vor Lustekel und Lachen. Ähnlich offensive Sexualszenen aus dem Kindergarten hat Bettina Hoeltje in ihrer Beobachtungsstudie geschildert (vgl. Hoeltje 1996). Die Kindersexualität ist heute – wie die Jugendsexualität

(Schmidt 1993, S. 1) – familiarisiert, in die Familie einbezogen, von der Familie eingerahmt und wird von zumeist wohlwollenden Blicken der Eltern begleitet.

Das heterologe Modell und die Komplexität sexueller Sozialisation

Diese wohlwollenden Blicke fänden die Zustimmung der Vertreter der homologen Position. Ihr Konzept sexueller Sozialisation ist einfach. Nichts soll die Morgenröte – um Mantegazzas Bild aufzunehmen – verdunkeln, nichts das Aufgehen der Sonne in voller Pracht verhindern. Moll hatte für seine Zeit eine ausgesprochen liberale Einstellung zu kindlicher Masturbation und kindlichen Sexualspielen und empfahl eine gelassene Haltung, sofern die Äußerungsformen kindlicher Sexualität nicht auffällig oder pathologisch sind (die Grenzen zwischen normal und abnorm versuchte er präzise zu definieren); Kinsey sah kindliches Sexualverhalten als wichtiges *rehearsal*, als Einübung der Sexualität, und bewertete, ganz Naturalist, Repression und Einschränkung als schädliche zivilisatorische Eingriffe in die natürliche Entwicklung, gerade so, als würde man einer Pflanze kein Wasser geben und sie verdörren lassen (Kinsey et al. 1953, Kap. 4); andere, zum Beispiel die Berliner Kommune 2, forderten unter Berufung auf Wilhelm Reich gar die aktive Förderung kindlicher Sexualäußerungen, ja die Anleitung dazu durch Erwachsene (Kommune 2, 1969) – ein Ansatz, der heute als übergriffig und missbräuchlich gilt.

Insgesamt ist der Beitrag der homologen Position zur sexuellen Sozialisation unterkomplex. Das ist bei der heterologen Position anders und *das* ist ihre Stärke, und darauf komme ich jetzt. Die Relevanz der Psychoanalyse für das Verständnis der frühkindlichen sexuellen Entwicklung und Sozialisation kann man auch dann ohne Probleme anerkennen, wenn man, wie ich, einigen Essentials dieser Lehre sehr skeptisch gegenübersteht und wenn man, *erstens*, die Annahme von quasi naturwüchsig vorgegebenen Phasen der sexuellen Entwicklung als naturalistisch ablehnt (die Erfindung der Pampers hat zum Beispiel die von der frühen Psychoanalyse beschriebenen Konflikte in der »analen Phase« durch Reinlichkeitsdressur quasi abgeschafft); *zweitens* die Beschränkung der kindlichen Beziehungsvielfalt und der kindlichen Beziehungswelten auf die ödipale Situation als reduktionistisch ansieht (gerade in Zeiten, in denen Ödipus verzweifelt die alte patriarchale Familie sucht, in der er seinen Komplex aufführen kann); sowie *drittens* die Annahme eines Sexualtriebes als zu energetisch-mechanistisch verwirft (vgl. Kapitel 3).

Gerade dann, wenn man der Psychoanalyse in all diesen Annahmen (Phasenlehre, ödipale Situation, Sexualtrieb) *nicht* folgt, kann man Freuds Botschaft hinter seiner Botschaft lesen, den latenten hinter dem manifesten Inhalt, und sie etwa so fassen: Sexuelle Entwicklung und sexuelle Sozialisation vollziehen sich weitgehend und in erster Linie in *nichtsexuellen* Bereichen, also durch Erlebnisse und Erfahrungen, die im eigentlichen oder engeren Sinne nicht sexuell sind. Vor einiger Zeit habe ich dies thesenhaft einmal so formuliert: Sexualität ist, *erstens*, ein Bedürfnis, ein Verlangen, und in ihr schlägt sich die individuelle Geschichte eines Menschen mit Bedürfnissen und Wünschen, seine gesamte Bedürfniserfahrung von früh an nieder. Sexualität machen wir, *zweitens*, mit dem Körper und den Sinnen, und in ihr spiegeln sich unsere Erfahrungen mit unserem Körper und unserer Sinnlichkeit wider, die wir von früh an machen. *Drittens* vollzieht sich Sexualität – real oder in der Fantasie – in Beziehungen zu anderen Menschen, und in ihr schlägt sich die individuelle Beziehungsgeschichte eines Menschen nieder, seine Erfahrungen mit Beziehungen von früh an. Und *viertens* machen wir Sexualität als Mann oder Frau, auch dann, wenn wir schwul oder lesbisch sind, und in ihr schlägt sich die individuelle Geschichte als Mädchen oder Junge, als Frau oder Mann nieder, die Erfahrungen eines Menschen mit seiner Männlichkeit oder Weiblichkeit. Diese vier zentralen Erfahrungsbereiche – Bedürfnisgeschichte, Körpergeschichte, Beziehungsgeschichte, Geschlechtsgeschichte – beeinflussen die sexuelle und Persönlichkeitsentwicklung eines Menschen, sie prägen seine Sexualität und seinen Charakter.

Das heißt: Die Mutter, die ihr Kind ohrfeigt, das genussvoll-lüstern an seinem Geschlechtsteil spielt, vermittelt dem Kind zweifellos ein Stück negativer sexueller Erfahrung und beeinflusst seine sexuelle Entwicklung (das ist die Form der sexuellen Sozialisation, die die Vertreter der homologen Position in den Vordergrund stellen). Aber dieser Vorgang, diese sichtbare Sexualerziehung, ist für die spätere Sexualität des Kindes sehr viel weniger bedeutsam als (nur zum Beispiel) die Stabilität und Zuverlässigkeit seiner Beziehungen zu seinen Eltern; das Zulassen von Sinnlichkeit in dieser Beziehung; die Erfahrung, dass die eigenen Wünsche die Autonomie nicht zerstören; die Zuverlässigkeit, mit der man auf die Befriedigung seiner Wünsche vertrauen kann (und diese gibt es nur, wenn man auch zumutbare Enttäuschungen erlebt hat); die Sicherheit, die ein Kind erfährt, als Junge oder Mädchen geliebt und respektiert zu werden; die Möglichkeit, affektive und konstruktive Beziehungen mit Gleichaltrigen zu erleben usw. usf.

Das Geflecht solcher Erfahrungen, einschließlich der mit ihnen verbundenen Ängste und Konflikte, formieren sich zu einer individuellen Struktur des Begehrens, die John Money 1986 sehr griffig »Lovemap«, Liebeslandkarte, genannt hat (vgl. Übersicht 2). Die Lovemap organisiert wie ein Drehbuch oder eine Blaupause sexuelles Verlangen, erotische und romantische Fantasien, sexuelles Verhalten, Vorlieben oder auch Perversionen, die Vorstellungen vom eigenen und anderen Geschlecht. Die Erotik jedes Mannes und jeder Frau wird durch seine oder ihre Lovemap bestimmt, also zum Beispiel die Vorliebe für einen bestimmten »Typ«, für besondere Praktiken, für besondere erotische Situationen oder Szenen sowie die erotischen und romantischen Fantasien und Tagträume einer Person – in denen sie besonders deutlich, wenn auch verschlüsselt, zu erkennen sind. Schließlich verleiht die Lovemap unseren sexuellen Handlungen und Fantasien geheime Bedeutungen, die Intensität und Farbe eines sexuellen Erlebens mitbestimmen (vgl. Kapitel 3). Den Lovemaps verwandt sind die Konzepte »zentrale Masturbationsphantasie« – die erotische Kernfantasie, die alle Menschen haben, ob sie nun onanieren oder nicht – der Psychoanalytiker Moses und Eglé Laufer (1989), »erotic plots« des Psychoanalytikers Robert Stoller (2009) und »intrapsychische sexuelle Skripte« der Soziologen John Gagnon und William Simon (1973). Auch sie bezeichnen *Liebesentwürfe*, die die Besonderheiten unseres sexuellen Wünschens, Fantasierens und Handelns formen und ihnen individuelle Bedeutung verleihen. Gemeinsam ist diesen Konzepten, dass sie den (geheimen) Bedeutungen sexueller Wünsche, Fantasien und Gewohnheiten große Relevanz und sexualisierende, das heißt *sexuell motivierende* Kräfte zusprechen. Die Soziologen betonen zudem, dass Skripte nicht nur individuell-biografisch, sondern in weiten Teilen auch kollektiv fundiert sind und unterscheiden entsprechend intrapsychische Skripte von kulturellen Skripten bzw. Szenarien (und dann noch interpersonelle Skripte, die die sexuellen Interaktionen regeln) (vgl. Simon/Gagnon 2000).

Lovemaps, zentrale Masturbationsfantasien, erotic plots und intrapsychische Skripte entstehen, wie bereits gesagt, schon in der Kindheit; in der Pubertät werden sie dann sexualisiert, das heißt Wünsche, Sehnsüchte, Ängste und Konflikte werden mit sexuellen Affekten und Motiven ausgestattet. Die Effekte frühkindlicher sexueller Sozialisation werden nun deutlich sichtbar, manifest. Übrigens sind diese Konzepte auch überaus hilfreich in der aktuellen Debatte über die Bedeutung der Internetpornografie für die sexuelle Entwicklung Jugendlicher. Der 15- oder 16-jährige Teenager, der Pornografie konsumiert, ist nicht wie eine leere Tafel, in die nun pornotypische Skripte graviert werden; vielmehr treffen die pornografischen Stimuli auf eine schon vorhandene Struktur des Verlangens. Bei Mädchen führt dies in der Regel zu einem Desinteresse an Pornografie; ein Junge wird sich vor allem für solche Stücke interessieren, die seiner »Lovemap« entsprechen, er wird der Pornowelt sehr wählerisch gegenübertreten (Matthiesen et al. 2011; Schmidt/Matthiesen 2011). Dennoch: Die Lovemap ist nicht fixiert, sie kann durch spätere Erfahrungen, vor allem in neuen Beziehungen und durch neue Erfahrungen, modifiziert, um- und fortgeschrieben werden, sie ist lebenslang in Arbeit. Durch sexuelle Traumen oder durch (sexuelle) Gewalterfahrungen kann sie weitgehend zerstört und

---

Biografie
Bedürfnisgeschichte
Beziehungsgeschichte
Geschlechtsgeschichte
Körpergeschichte

Lovemap (John Money)
Blaupause/Muster des individuellen sexuellen Begehrens

Die Definition von Money lautet: »Lovemap ist die entwicklungsbedingte Repräsentation oder Blaupause in der Persönlichkeit eines Menschen, die (1) seinen/ihren idealen »lover« beschreibt und (2) das ideale Programm der romantisch-erotisch-sexuellen Aktivitäten, die er/sie mit diesem »lover« real oder in der Phantasie ausübt oder ausüben möchte. Teil der Lovemap ist die Gendermap, die unsere Vorstellungen von Männlichkeit/Weiblichkeit und des Umgangs der Geschlechter repräsentiert. Weite Teile von Lovemap und Gendermap sind vorbewusst oder unbewusst« (Money 1986).

Verwandte Begriffe zu Lovemap
Zentrale Masturbationsphantasie (Moses Laufer & M. Eglé Laufer)
Erotic Plots (Robert Stoller)
Intrapsychische Skripte (John Gagnon & William Simon)

Übersicht 2: Sexuelle Entwicklung und Lovemaps

zur, wie Money es plastisch genannt hat, »vandalisierten Lovemap« werden (Money/Lamacz 1989).

In der Sparte der Sexualwissenschaft, die heute »developmental sexology« genannt wird, gibt es also eine frappierende und interdisziplinäre Übereinstimmung darüber, dass sich die Struktur des individuellen sexuellen Verlangens in Kindheit und Vorpubertät weitgehend durch Erfahrungen in nichtsexuellen Bereichen formiert und dass diese Blaupause des Begehrens in der Pubertät sexuell Gestalt annimmt. Damit hat sich die heterologe Position zur Kindersexualität durchgesetzt. Solche Überlegungen und Konzepte wären ohne die oben beschriebene frühe bürgerliche sexuelle Revolution, die den Sex als einen Teil des Charakters und der Identität konzipierte, nicht denkbar. Und ohne die Psychoanalyse sind sie schwer vorstellbar. Dabei spielte die Psychoanalyse in diesem Diskurs eine durchaus paradoxe Rolle, ich deutete es schon an: Sie präsentierte uns Sexualität als omnipräsent und omnirelevant, nur um uns dann, spätmodern gewendet, mit einem kleinen Staunen darüber zu entlassen, wie wenig sexuell am Sexuellen ist.

6. Perversionen

Die meisten ungewöhnlichen Formen der Sexualität sind, verhandlungsmoralisch abgesegnet, auf dem Wege, sexuelle Optionen oder Spielarten zu werden, die vielleicht noch befremden, aber kaum noch provozieren. Der Sadomasochismus ist ein Beispiel hierfür: In seinen sanfteren Versionen liefert er heute den Stoff für vielbändige erotische Bestseller, als legten sich seine Schatten flächendeckend auf postfeministische Gemüter. Eine gewichtige Ausnahme von dieser Tendenz ist die Pädophilie, also Sexualität von Erwachsenen mit oder an Kindern, die die Forderung nach sexueller Selbstbestimmung der Beteiligten offenbar unaufhebbar verfehlt (vgl. Schmidt 1999). Pädophilie ist eine der wenigen Sexualformen, die uns heute noch schockieren, und mit ihr beginne ich.

Sexuelle Inszenierungen

Ein knapp 40-jähriger Mann, ledig, Archivar in einer westdeutschen Großstadt, konsultiert mich, weil er wegen sexueller Handlungen mit Kindern straffällig geworden ist.[5] Sein sexuelles Verlangen und seine Wünsche nach Zuneigung, so berichtet er, sind ausschließlich auf Jungen in der Vor- und Frühpubertät gerichtet, auf etwa 11–14-Jäh-

---

5 Die persönlichen Daten wurden zur Anonymisierung des Protagonisten verändert.

rige. Seit dem Jugendalter hat er mit Hunderten von Jungen erotische und sexuelle Kontakte gehabt. Er geht in die Parks der Stadt, gesellt sich zu Jungen, die dort spielen, fachsimpelt mit ihnen über Sport, Mountainbikes, Videofilme, Computer, Autos usw., kurz: über Interessen, die Jungen in diesem Alter haben – und ist auf allen diesen Gebieten sehr kenntnisreich. Er nimmt auch an den Spielen der Jungen teil, spielt Fußball, radelt, schwimmt mit ihnen, tollt herum – verhält sich also so, als sei er einer von ihnen, und ist glücklich, wenn einer der Jungen sagt: »Du bist ja gar nicht wie ein Erwachsener.«

Im Zusammenhang mit diesen Spielen versucht er, sexuelle Kontakte aufzunehmen: Er zeigt den Jungen seine Kamera und versucht, sie dazu zu bewegen, sich halbnackt oder nackt fotografieren zu lassen, gelegentlich bietet er ihnen dafür Geld an; er pinkelt mit den Jungen zusammen das gemeinsame Lagerfeuer aus; er arrangiert Kitzelspiele, bei denen es darum geht, wer sich am längsten, ohne zu lachen, von ihm kitzeln lässt; und er versucht, die Jungen zu streicheln, ihre Genitalien zu sehen und anzufassen. Sich selber stimulieren zu lassen, ist für ihn dagegen von untergeordnetem Interesse. Die Handlungen bewegen sich auf dem Niveau präpuberaler gleichgeschlechtlicher Spiele unter Jungen. Er respektiere die Grenzen, die die Jungen setzen und lasse von ihnen ab, wenn sie Ablehnung oder Unwillen bekundeten; denn all das mache ihm nur Spaß, wenn die Jungen es auch wollten. Es ist erstaunlich, wie leicht es diesem ansonsten scheuen und isolierten Mann fällt, soziale Kontakte mit Jungen zu knüpfen und diese auch auf sexuelle Kontakte auszudehnen. Die Erklärung ist einfach: Er nähert sich den Jungen als älterer Junge, als einer von ihnen, und wird in dieser Rolle des bewunderten Älteren, die er anstrebt, offenbar auch akzeptiert.

Daneben gibt es viel intensivere Kontakte, die allerdings selten bleiben: In diejenigen Jungen, die eine bestimmte Ausstrahlung für ihn haben, die, wie er sagt, »klug, charmant, bezaubernd« sind, verliebt er sich. Wenn er einen solchen Jungen sehe, der seinem Ideal entspreche, dann sei das wie »eine Flutwelle, die mich hinweg spült«. Es laufe dann alles darauf hinaus, das Genitale des Jungen allmählich kennenzulernen, so als liege dort ein Geheimnis, das er unbedingt aufdecken müsse. Sein größter Wunsch, das Ziel bei diesen »idealen Jungen« sei es, Mundverkehr zu machen, den erigierten Penis und möglichst auch den *ersten* Samen des Jungen in sich aufzunehmen. Dies sei auch die zentrale Thematik seiner erotischen Tagträume und Fantasien. In die Tat umsetzen können habe er seine Wünsche nur wenige Male, immer mit Jungen, die er längere Zeit kannte. Doch jedes Mal habe sich nach dem überwältigenden Erlebnis Enttäuschung eingestellt. Die Jungen seien danach wie entzaubert, nach der »genitalen Offenbarung« werde alles »profan«, der ideale Junge sei dann zwar immer noch hübsch und nett, aber »das Magische ist weg« – und er müsse weitersuchen. Mit der Justiz ist er erstaunlich selten, lediglich zwei Mal, in Konflikt gekommen; einmal vor 15 Jahren und einmal kurz vor dem Gespräch mit mir, und zwar wegen der Kontakte im Park. Beide Male reagierte er mit Selbstmordversuchen, die er knapp überlebte. Er fühlte sich durch die Anzeigen und die polizeilichen Vernehmungen entwertet, missverstanden, ausgestoßen, als Kinderschänder denunziert.

So viel zum äußeren Erscheinungsbild, das bei der Leserin oder beim Leser vermutlich eine Palette unterschiedlicher, widerstreitender Affekte auslöst: Fassungslosigkeit, Empörung und Abscheu; Sorge um die Jungen und Fragen nach den Folgen der sexuellen Handlungen für die Kinder; Bestrafungsimpulse, das heißt der Ruf nach Verwahrung, medikamentöser oder chirurgischer Kastration; oder Mitleid mit einem Verirrten und der Wunsch zu helfen, zum Beispiel durch Psychotherapie; vielleicht auch Gelassenheit und die Meinung, man sollte doch den Mann und die Jungen untereinander ausmachen lassen, was geschieht und was nicht; und vieles mehr – unter Umständen auch vieles auf einmal.

Lernen kann man aus der Geschichte zunächst aber Folgendes: Perversionen sind nicht einfach ungewöhnliche Vorlieben, zum Beispiel die Vorliebe für Kinder bei Pädophilen, die Vorliebe für Leder, Latex, Dessous oder Stiefel beim Fetischisten, die Vorliebe fürs Vorzeigen des männlichen Genitales beim Exhibitionisten, oder die Vorliebe für Macht und Unterwerfung, fesseln und gefesselt werden, schlagen und geschlagen werden beim Sadomasochisten. Die meisten

Perversionen sind vielmehr Rituale, durch die ein ganzes Interaktions- und Bedingungsgefüge hergestellt werden muss, damit Lust und Orgasmus erlebt werden können. Bleiben wir bei der Fallgeschichte: Der Archivar muss sich den Jungen als Junge nähern, um von ihnen als besonders toller Gleicher anerkannt zu werden; trifft er dabei auf einen Jungen, der besondere Eigenschaften hat und seinem Ideal entspricht – schön, charmant, glücklich, *unversehrt* im Grunde –, dann kann es zum allmählichen Kennenlernen kommen, genauer: zur schrittweisen Eroberung des Penis, die schließlich zu Fellatio und erstem Samenerguss führt oder führen soll.

Dies ist eine innerlich vorgeschriebene, festgezimmerte Handlungs- kette. Die meisten Perversionen sind derart ausgefaltete, individuelle Rituale. Es sind sexuelle Inszenierungen wie nach einem inneren Drehbuch (vgl. hierzu und für das Folgende Stoller 1975 sowie Stoller 2009). Oftmals erinnern solche Handlungen an Träume, gelegentlich auch an Alpträume, die nicht geträumt, sondern gemacht, gelebt, in die Tat umgesetzt werden. Die begleitenden Affekte – sexuelle (Verlangen, Erregung, Orgasmus) und nichtsexuelle (Glück, Hass, Wut, Angst, Triumph) – sind dabei von einer eigentümlichen Intensität, die sich bis hin zu ekstatischen Zuständen steigern kann.

Die *Mächtigkeit* perverser Impulse und die *Bedeutung* solcher agierter Träume muss man verstehen, will man den Perversionen näher kommen. Ich möchte die Dramaturgie sexueller Perversionen anhand der Fallgeschichte des Archivars aufzeigen, nehme das Ergebnis aber schon einmal vorweg: In perversen Handlungen und Fantasien wird ein zentraler seelischer Konflikt, ein zentrales Trauma des Betroffenen dargestellt – verschlüsselt wie im Traum und scheinbar kurzfristig gelöst oder gemildert (vgl. dazu auch Kapitel 3, S. 41f.).

Eine pädophile Lovemap

Um die Dramaturgie der sexuellen Wünsche und Handlungen des Archivars verstehen zu können, müssen wir einiges aus seiner Biografie erfahren. Er wurde als drittes Kind seiner Eltern geboren, die sich noch vor seiner Geburt scheiden ließen. Der Vater, den er nie kennenlernte, erkannte die Vaterschaft nicht an, mit dem Vorwurf, die Mutter sei promisk, das Kind nicht von ihm. Nach ihm bekam die Mutter noch sieben Kinder, »alle von anderen Vätern«, wie der Patient meint. Alle diese Geschwister wurden zur Adoption freigegeben, er habe sie nie kennengelernt. Er habe als kleines Kind oft darunter gelitten, dass fremde Männer in der Wohnung gewesen seien und er dann weggeschickt wurde. Seine Mutter sei »eine Amihure« gewesen.

Als er drei Jahre alt war, musste er zu seiner Großmutter ziehen, da die Mutter die drei Kinder nicht länger versorgen konnte. Der Kontakt zur Mutter und zu den beiden älteren Geschwistern, die er mochte, brach praktisch ab. Zur Großmutter entwickelte sich ein nahes und zugleich äußerst spannungsreiches Verhältnis; sie war in seiner Fantasie Retterin und Entführerin zugleich. Er hing an ihr und hatte immer das Gefühl, etwas für ihre Liebe leisten zu müssen. Sie war oft abweisend. Für Unarten bestrafte sie ihn tagelang mit Wortlosigkeit und Nichtbeachtung. Er erlebte diese Kontaktabbrüche als sehr quälend, sie machten ihn hilflos und verzweifelt. In der Pubertät wandte er sich abrupt von der Großmutter ab, spürte stärker seinen Hass auf sie, terrorisierte sie und wurde gelegentlich sogar handgreiflich.

In der Gruppe der Gleichaltrigen war er von Anfang an isoliert und wenig respektiert (ganz anders als jetzt im Park unter den halbwüchsigen Jungen). Mit 14 Jahren verliebte er sich in einen Zwölfjährigen. Er sah diesen Jungen, die erste Inkarnation des »idealen Jungen«, auf der Straße, wie er und dessen Mutter liebevoll miteinander umgingen; und es wurde ihm klar, wie sehr dieser Junge gemocht wurde, wie intakt und unversehrt er war. Dieser Junge hatte offenbar alles, was ihm fehlte, war ein glücklicher Junge. Unser Protagonist schwänzte die Schule, um dem Jungen heimlich nachzustellen. Das Ganze endete in einem Desaster: Einen Liebesbrief, den er seinem Angebeteten schrieb, als er endlich dessen Adresse herausgefunden hatte, fing dessen Vater ab und stellte ihn grob zur Rede. Der Vater übergab den Brief der Großmutter, die ihn zusammen mit dem Brief zum Psychiater brachte. Er war tief beschämt und verletzt. In der Schule wurde er nun auch wegen seines fortgesetzten Schwänzens gehänselt und gedemütigt. Dem Jungen, der das größte Wort dabei führte, lauerte er eines Nachmittags auf und stach ihn rücklings nieder. Der Junge wurde dabei erheblich verletzt. Er selbst kam für ein Jahr in ein Heim und beging dort seinen ersten Selbstmordversuch.

Diese Facetten seiner Lebensgeschichte sollen genügen. Vielleicht ist jetzt schon zu erkennen, wieso auch die pädophilen Handlungen des Archivars eine konfliktbewältigende Funktion haben. Zentral für das Verstehen seiner Auffälligkeit oder seiner Lovemap (vgl. Kapitel 5) sind seine Entwertungsgefühle, seine Überzeugung, ungeliebt zu sein und nicht geliebt werden zu können – von der Mutter vernachlässigt und weggegeben; mit der Großmutter in einer hochambivalenten Beziehung lebend; ohne männliche Bezugsperson aufgewachsen; von den Gleichaltrigen isoliert und verachtet. Diese Entwertungsgefühle schlagen sich in einem ausgeprägten Selbsthass nieder, der sich in Abscheu vor seinem Körper – zu klein, zu behaart, schiefstehende Augen – materialisiert. Die Jungen, die ihn faszinieren, strahlen für ihn alles aus, was er nicht hat: Sie sind schön, werden geliebt und wissen das, fühlen sich etwas wert , können bezaubern und andere für sich einnehmen, können glücklich sein. Die Sexualität mit diesen Jungen ist der Versuch, sich mit den Glücklichen zu identifizieren; sie entsprechen seinem Ich-Ideal, das er mit dem Schlucken des Samens gleichsam in sich installieren will. Bei den Kontakten im Park ist er der Anführer, der von der Jungengruppe bewundert wird, die ihn früher verachtete und verspottete; er ist der Junge, der er früher gerne hätte sein wollen.

Erotische Formen von Hass

Die unbewusste Bedeutung der sexuellen Akte – die triumphale kurzfristige Aufhebung seiner Beschädigung – macht auch hier die Intensität des sexuellen Erlebens aus. Lust ist die kurzfristige Aufhebung einer tiefen Beschädigung, sie wird zum Bollwerk gegen Angst, Verzweiflung, Entwertung und Zerstörung. Allerdings ist der Archivar realistisch genug zu sehen, dass es illusionär ist, durch die sexuellen Kontakte zu Kindern ein Anderer zu werden, als er ist. Auch deshalb erlebt er nach der rauschhaften Fellatio Enttäuschung. Aber es bleibt ihm die (illusionäre) Hoffnung, dass es mit einem anderen Jungen so etwas wie »Erlösung« geben könnte.

So wie ich es an diesem Beispiel versucht habe, lassen sich alle Perversionen entschlüsseln, oft in einem langwierigen und mühsamen therapeutischen Prozess des Verstehens. Und wenn man sie so versteht, dann sind perverse Handlungen eine schöpferische, kompensatorische, das psychische Gleichgewicht (vorübergehend) wiederherstellende Leistung des Ichs, ein Selbstrettungsversuch des Individuums; und sie sind ein Versuch, auf eine vertrackte Art und Weise einen Rest von Liebes- und Beziehungsfähigkeit zu erhalten. Der Begriff »Perversion« bezeichnet Vorlieben, die diese Funktionen haben. Die wissenschaftliche Definition von Perversion zielt also auf die psychische Dynamik, die hinter dem Verhalten steht.

Da Perversionen aus Ängsten und Konflikten gespeist werden, sind sie oft voller Hass und Feindseligkeit – in unserem Fallbeispiel dem Hass auf sich selbst und dem Hass auf entwertende, vernachlässigende Personen der eigenen Biografie. Die Wut und die Feindseligkeit des Archivars werden auch an seiner Fantasie deutlich, nun über solche Jungen, die er früher nicht erreichte, *verfügen* zu können. In der »Entzauberung« der Jungen nach dem Erreichen des Ziels liegt auch die triumphale Feststellung, dass die »idealen« Jungen auch nur »einfache« Jungen sind, nicht besser als er selbst, dass sie langweilig werden und dass er sich ihnen entziehen kann. Weil Hass und Feindseligkeit eine dominierende Rolle spielen, bezeichnet Stoller Perversionen als »erotische Form von Hass« (Stoller 1975). Dies macht einige Perversionen gefährlich: für den Betroffenen, wenn sich Hass in Selbstaggression und Selbstzerstörung äußert, oder für andere, wenn der Hass nach außen gewendet wird.

Der hier skizzierte Versuch, rätselhaftes oder schockierendes Sexualverhalten biografisch plausibel zu machen, stößt im Hinblick auf die Pädophilie möglicherweise auf Reserve und Ablehnung, als wäre sie entschuldbar oder als käme man ihr zu nahe, wenn man sie herleite oder verstünde. Diese Berührungsangst ist unbegründet und begründet zugleich. Unbegründet, weil das, was man versteht und in einen Zusammenhang stellen kann, noch lange nicht geduldet werden muss oder akzeptabel wird; begründet, weil durch Plausibilisierung Fremdheit entschärft und hinter dem Stereotyp »Kinderschänder« der Mensch wieder sichtbar wird, wir also Distanz zum Täter verlieren. Übrigens: Heute wird oft behauptet, eine pädophile Lovemap sei bis zur Pubertät entwickelt und fixiert, danach könne man Pädophilen nur noch helfen, abstinent zu leben. Die Unveränderbarkeit ihrer Lovemap mag für viele Pädophile zutreffen, aber ich vermute, dass solche grob generalisierenden Ansichten dadurch begünstigt werden, dass nur wenige Psychotherapeuten sich solche Behandlungen zutrauen und dafür kompetent sind, und dass kein Geld und damit keine Zeit für solche aufwendigen Therapien vorhanden ist. Stoller hat kürzlich (posthum) einen Therapiebericht publiziert, der zeigt, wie schwierig, langwierig und vor allem verschlungen der Veränderungsprozess ist: Zunächst interessieren seinen Patienten nur präpuberale Jungen, dann beherrschen präpuberale Mädchen seine Fantasie, dann geht er zu jungen Prostituierten, die er in grotesker Weise überbezahlt, und schließlich (nach Jahren) beginnt er, erwachsene Frauen zu treffen und Sex mit ihnen zu haben (Stoller 2009, Kap. 3).

Männliche und weibliche Perversionen

Perversionen im bisher beschriebenen klassischen Sinn als sexualisierte, mit Erregung und Orgasmus einhergehende kurzfristige Konfliktlösungen sind eine Domäne des Mannes. Auf zehn männliche Perversionen, so schätzt man, kommt eine weibliche. So gibt es Sadomasochistinnen, gelegentlich auch Fetischistinnen; aber von Exhibitionistinnen, Transvestitinnen oder Voyeuristinnen hat man kaum etwas gehört. Eine erotische Fixierung auf Kinder, wie bei der männlichen Pädophilie, gibt es bei Frauen vermutlich ebenfalls nicht, auch wenn Frauen auf Kinder erotisch reagieren können und es gelegentlich auch zu sexuellen Handlungen zwischen Frauen und Kindern kommt (Knopf 1993). Kurzum: Solange als Kriterium der Perversion gilt, dass die sexuelle Inszenierung mit dem Orgasmus endet (das heißt beim Mann mit der Präsentation des Phallus und der Ejakulation), dann sind Perversionen bei Frauen extrem selten. Die Psychoanalytikerin Louise J. Kaplan (1991) hat jedoch darauf hingewiesen, dass diese Sicht sehr männerorientiert ist. Und in der Tat findet man auch bei Frauen viele »erotische Formen von Hass«, bei denen der Triumph nicht im Orgasmus liegt, sondern gerade im Verweigern des Orgasmus, im Sich-Beweisen, auf Sexualität verzichten zu können.

Auch hierzu eine Fallvignette, nur zur Illustration: Eine Frau – Anfang 40, verheiratet, zwei halbwüchsige Kinder – entwickelt in einer schweren Depression ein Selbstverletzungsritual (Aufschneiden der Haut an Armen und Beinen), durch das sie sich für kurze Zeit vital und lebendig fühlt und währenddessen sie stark erregt und orgastisch ist. Dies ist eine klassische, mit Erregung und Orgasmus einhergehende perverse Reaktion. Im Verlauf der Therapie kann sie die Verletzung aufgeben und entwickelt eine Zeit lang folgende Gewohnheit: Sie geht in ein Café, sucht einen Tisch, an dem ein Mann, der ihr gefallen könnte, sitzt und fragt, ob sie Platz nehmen dürfe. Beim Kaffee sagt sie dem Mann ganz unvermittelt, dass sie Geschlechtsverkehr mit ihm haben möchte. Sie muss ein Gespür für Männer haben, die sich auf so etwas einlassen (vielleicht gibt es auch viele Männer, die sich darauf gerne einlassen oder nicht zu widersprechen wagen), denn die meisten gehen mit ihr. Sie besteht darauf, in *deren* Wohnung zu gehen. Kurz vor dem Geschlechtsverkehr, wenn sie sich überzeugt hat, dass der Mann in Flammen steht und sie heiß begehrt, verlässt sie unter dem Vorwand, noch einmal ins Bad zu müssen, leise und heimlich die Wohnung – und ist außerordentlich befriedigt. Sie hat sich bestätigt, dass sie unabhängig von einem Mann oder von der Befriedigung ihrer Wünsche ist; andere wollen etwas von ihr, sie will nichts, sie ist ihrer Wünsche »Herr«, sie wird nicht »gekriegt«, er verfällt ihr, sie bleibt »cool«.

Der Triumph, für Stoller zentrales Kennzeichen der Perversion, liegt hier in der Verweigerung der Sexualität, nicht im Orgasmus. Zu Recht weist Kaplan darauf hin, dass Perversionen, so verstanden, auch Karikaturen und Parodien traditioneller Geschlechtsrollen sind: Der Mann muss phallisches Gehabe inszenieren, die Frau Tugendhaftigkeit *plus* erotische Ausstrahlung. Deutlich wird das am »perversen« Umgang mit Kleidung: Männer sind eher Transvestiten, die sich in weiblicher Verkleidung ihres Phallus versichern (vgl. Kapitel 3); Frauen eher Homöovestiten, die Lust haben, sich im gleichen Geschlecht zu verkleiden, um dann ihre Verführungskraft in aller Unschuld zu genießen (vgl. Kaplan 1991, Kap. 8).

Perverse Strategien in der alltäglichen Sexualität

Was kann man aus dem Studium der Perversionen über die »normale« Sexualität lernen? Robert Stoller ist dieser Frage am konsequentesten nachgegangen (vgl. Stoller 1979, Kap. 1). Wenn die Intensität sexueller Reaktionen bei der Perversion durch nichtsexuelle Affektspannungen – Konfliktlösungen, Angstüberwindung, Triumph, Hass, Rache – erklärt werden kann, so ist zu fragen, ob dies nicht für besonders intensiv erlebte Sexualität überhaupt gilt, also für Erlebnisse, die besonders anrührend, erschütternd, explosiv, leidenschaftlich, kurz: besonders erotisch sind. Stoller kommt zu dem Schluss, dass heftige erotische Erlebnisse, gleichsam in verdünnter Form, eine ähnliche Dynamik haben wie die Perversionen. »Perverse Mechanismen« sind besonders deutlich an sexuellen Fantasien und Tagträumen zu erkennen, die, wie die Perversionen, einem geheimen – unbewussten oder vorbewussten – Drehbuch folgen. Um ein Beispiel zu geben (Stoller 1979):

Eine Frau stellt sich vor, ein Vertreter, ein älterer und eher unscheinbarer Mann, komme an ihre Tür, um ihr eine Versicherung zu verkaufen. Sie bittet ihn nicht herein, lässt ihn reden und beginnt sich selbst zu streicheln; genießt, wie der Mann um Fassung ringt und sein Verkaufsgespräch mühsam fortsetzt. Sie knöpft ihre Bluse auf und provoziert ihn weiter, bis der biedere Mann seine Beherrschung verliert und sich auf sie stürzt. Sie ist dabei (in der fantasierten Szene) sexuell ganz unbeteiligt. Erregung erlebt sie, wenn sie bei der Masturbation ihr Szenario »heimlich« betrachtet; zum Orgasmus kommt sie, sobald der fantastische Protagonist sich auf sie stürzt. Damit ist der Tagtraum beendet. Der Wunsch, den offenbar ganz braven Mann gegen seinen Willen außer sich zu bringen, wird in Szene gesetzt; die eigene unwiderstehliche Ausstrahlung (die die Frau vielleicht tief bezweifelt) und die Macht und Kontrolle über den anderen in Liebessituationen (in denen sie sich vielleicht ganz ohnmächtig fühlt) werden triumphierend genossen. Die erotische Kraft erhalten Fantasie und Masturbation durch die Geschichte hinter der Geschichte – wie bei der Perversion.

Aus diesen Überlegungen lassen sich Prozesse ableiten, die für das Verständnis der Perversion ebenso bedeutsam sind wie für das Verständnis erotisch besonders intensiver Erlebnisse oder Fantasien:

Erstens: Das Hin- und Herschwingen zwischen Erwartung und Überwinden von Gefahr, das Eingehen eines – wenn auch kalkulierten – psychischen Risikos, die Suche nach »kontrollierter Ungewissheit« (Stoller 1979, S. 153) steigern die sexuelle Erregung. (Risiko und Gefahr sind dabei oft nur aus der Biografie des Individuums zu verstehen.) Die Frau zum Beispiel, die die Männer im Café aufliest, setzt sich der Gefahr aus, von diesen sexuell attackiert zu werden, wenn sie ihrem Plan auf die Spur kommen, und riskiert, in der sexuellen Situation doch eigene Wünsche zu spüren und ihnen ausgeliefert zu sein. Diese Dynamik macht übrigens auch sexuell stimulierende Vergewaltigungsfantasien verständlich, über die einige Frauen berichten. Eine solche Frau setzt sich der Angst und dem Entsetzen aus und weiß, dass sie *nicht* die Frau in den fantasierten Bildern, sondern in Sicherheit ist und sich den Bildern jederzeit entziehen, sie abstellen kann. Sie nimmt durch die Fantasie ihre Angst sozusagen in die eigene Hand und versucht, indem sie so die Kontrolle übernimmt, ihre Angst vor gewalttätiger Sexualität zu bewältigen.

Zweitens: Im Spannungsfeld von Angst und Triumph wird Sexualität zum Kampf. Das Leitthema der Dramaturgie sexueller Erregung ist deshalb für Stoller Feindseligkeit. Perversionen sind, wie wir sahen, erotische Formen von Hass. Doch auch in der »normalen« Sexualität ist ein »whisper of hostility«, ein »Hauch von Feindseligkeit« oft Stimulans sexueller Lust (Stoller 1979, S. 31). Die Frau mit der Vertreterfantasie will den Mann außer sich bringen, ihn ihrer Ausstrahlung unterwerfen, sich mächtig, ihn ohnmächtig machen; die Frau im Café triumphiert mit ihrer Unberührbarkeit über den Mann, der seinem Verlangen nach ihr ausgesetzt ist.

Das Verstehen der Perversionen ermöglicht also auch einen Zugang zum Verständnis dessen, was wir Erotik nennen. Erotik, intensives Begehren und sexuelles Erleben sind für Stoller ohne Risiko, ohne Angst, ohne Feindseligkeit, ohne Kampf und ohne Triumph – zumindest in Spuren – nicht denkbar; ohne sie endet alles Sexuelle in Langeweile. Harmonie ist ein Feind der Leidenschaft. Gesellschaftlich hoch und niedrig Bewertetes – Erotik und Perversion – beruht auf den gleichen Mechanismen: auf der Dynamisierung der Sexualität durch nichtsexuelle Affekte; oder, paradoxer und provokanter formuliert, auf der erotisierenden Kraft, die seelische Verletzungen und Konflikte haben können.

Dieses Bild von Erotik, von intensiv erlebter Sexualität, die Vorstellung, dass eine rein zärtliche, friedfertig lustvolle Sexualität unrealistisch oder fad ist, mag verstören. Trösten kann die Erkenntnis, dass das Wesen der Erotik offenbar nicht allein durch die Stoller'schen »perversen Mechanismen« zu erklären ist. So versuchte Eberhard Schorsch, das Stoller'sche Konzept, das er zu sehr von der Perversionsforschung geprägt sah, zu erweitern. Stoller übersehe, dass in der Sexualität nicht nur Traumen und Ängste wieder aufleben, sondern auch frühe Zustände von Glück und Erfüllung. »Sexuelle Lust ist nicht nur die Umwandlung von Trauma in Triumph, sondern zugleich auch die momentane symbolische Erfüllung von Sehnsüchten nach infantiler Vollkommenheit, die in der Regression des Orgasmus flüchtig wieder aufleben« (Schorsch 1993b, S. 40).

Die Positionen von Stoller und Schorsch haben viel mehr gemeinsam, als es auf den ersten Blick erscheint. Denn beide postulieren, dass die Kraft der Sexualität nicht wie von selbst aus dem »Trieb« oder einem sonst wie naturalistisch aufgefassten Verlangen kommt, sondern aus den (geheimen) symbolischen Bedeutungen sexueller Handlungen und Fantasien. Welche Bedeutungen dies genau sind, ist gegenüber dieser Grundeinsicht beinahe nachgeordnet. Es gibt, wie ich im Kapitel 3 gezeigt habe, »Myriaden von Metaphern« (Plummer 1996, S. XI), existenzielle und triviale, unbewusste und bewusste, biografische und soziokulturelle. Es ist nur wichtig, dass diese »Myriaden« uns nicht den Blick auf Stollers Erkenntnisse über Perversionen und »perverse Mechanismen« verstellen, auch wenn sie nur das Besondere im Allgemeinen sind.

7. Wandel der Jugendsexualität

In den ersten Szenen des Films *American Pie, Teil 3* – einer bei Jugendlichen erfolgreichen *sex and romance comedy*, die ab zwölf Jahren freigegeben ist – sieht man ein junges Paar in einem eleganten Restaurant. Sie unterhalten sich und sind guter Dinge. Unversehens begibt sich die Frau unter den Tisch, und der Mann windet sich alsbald in verlegen lustvollen Zuckungen. Die Frau macht offenbar Oralsex unter der Tischdecke. Das jugendliche Publikum ist lebhaft amüsiert: Die Jungen und Mädchen, ob 12, 15 oder 16 Jahre alt, verstehen offenbar, was da geschieht. Hätten meine Altersgenossen und ich diesen Film vor 60 Jahren gesehen, hätten wir vermutlich gedacht, der Mann habe einen milden epileptischen Anfall oder sie kitzelt ihm die Füße. Begriffen hätten wir, obwohl ansonsten ganz aufgeweckt, vermutlich nichts. Das ist *eine* der vielen Facetten des Wandels der Jugendsexualität: Die Medialisierung des Jugendsex, also die mediale Präsentation der Sexualität von Jugendlichen für Jugendliche. Und *American Pie* ist dabei auch schon wieder Schnee von gestern, wie wir noch sehen werden.

Liberalisierung und Selbstbestimmung

Es sind vor allem zwei gesellschaftliche Prozesse, die die heutigen sexuellen Verhältnisse und auch die Jugendsexualität bestimmen (vgl. Schmidt 2004): die Enttraditionalisierung, d.h. die Freisetzung sexuellen Verhaltens und sexueller Moralen aus traditionellen Ordnungen und Vorschriften einerseits; und andererseits die »gender equalisation«, d.h. die Angleichung von Frauen und Männern im Hinblick auf Rechte, Optionen und Selbstbestimmtheit. Abbildung 7 (obere Grafik) veranschaulicht den Prozess der Enttraditionalisierung. Sie zeigt den Anteil der Männer und Frauen, die ihren ersten Geschlechtsverkehr mit 18 oder früher hatten, und zwar für die Geburtsjahrgänge 1935 bis 1994, also für Generationen, die ihre Adoleszenz zwischen den frühen 1950ern und den späten 2000ern erlebten. Von den vor 1950 Geborenen hatten weniger als 20% ihren ersten Koitus mit 18 Jahren oder früher, heute sind dies etwa 70%. Das ist eine dramatische Veränderung. Sie setzte einigermaßen abrupt bei den zwischen 1950 und 1954 geborenen Männern und Frauen ein, also bei denjenigen, die um 1970 18 Jahre alt waren. Der Umbruch jugendlichen Sexualverhaltens erfolgte also Ende der 1960er bzw. Anfang der 1970er, also in der Periode, die oft als »sexuelle Revolution« bezeichnet wird. Seit den 1970ern ist im Hinblick auf das Alter beim ersten Geschlechtsverkehr nicht mehr so viel passiert (vgl. Bundeszentrale für gesundheitliche Aufklärung 2010). Die »Subjekte« der Jugendsex-Revolution – diejenigen, die die sexuellen Verhältnisse zum Tanzen brachten – sind heute um die 60 Jahre alt, also die Großelterngeneration heutiger Jugendlicher.

Die Sexualität wurde damals endgültig von der Institution Ehe freigesetzt und das Sexualverbot für Jugendliche verschwand. Dieser Prozess hatte bereits lange vorher, etwa in den 1920ern, begonnen, bekam seine dramatische Beschleunigung aber erst während der »sexuellen Revolution«. Die Daten der Abbildung 7 stammen von deutschen Studierenden. Aber gleiche Trends lassen sich, mal auf höherem, mal auf niedrigerem Niveau, auch bei Jugendlichen mit geringerer Schulbildung beobachten, bei katholischen wie bei protestantischen oder konfessionslosen Jugendlichen, in Ländern mit liberaler (Skandinavien) wie mit restriktiver Sexualtradition (südeuropäische Länder), in Westeuropa wie in den USA und Kanada. Die Liberalisierung der Jugendsexualität ist ein globalisiertes Ereignis der westlichen Industriegesellschaften (Bozon/Kontula 1998).

Aber die Vorverlegung des Alters beim ersten Geschlechtsverkehr ist nur die halbe Geschichte. Ganz wird sie, wenn wir die Daten für Männer und Frauen *getrennt* betrachten (Abbildung 7, untere Grafik). Wir

sehen: Die beschriebenen Veränderungen des Koitusverhaltens waren bei den Mädchen sehr viel ausgeprägter als bei den Jungen, sodass heute im Gegensatz zu früher Mädchen eher mit dem Geschlechtsverkehr beginnen. Das traditionelle Muster der Geschlechtsunterschiede – Jungen fangen früher an als Mädchen – wurde also in sein Gegenteil verkehrt. Hieran wird nun der zweite oben genannte Prozess deutlich, der mit der Enttraditionalisierung eng verknüpft ist: Die sexuelle Selbstbestimmung von Frauen bzw. die Geschlechterangleichung im Hinblick auf sexuelle Optionen, Rechte und Verhaltensweisen. Auch dies ist ein globaler Prozess in den westlichen Industriestaaten. Das moderne

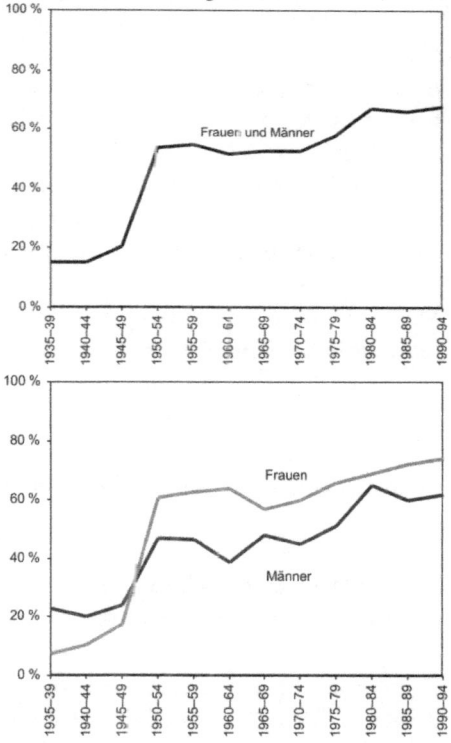

Abb. 7: Anteil Jugendlicher, die ihren ersten Geschlechtsverkehr mit 18 Jahren oder früher hatten (nach Geburtsjahr) (Projekt »Studentische Sexualität im Wandel 1966–2012«, Institut für Sexualforschung und forensische Psychiatrie der Universität Hamburg, 2012; vgl. auch Schmidt 2004)

Muster (Mädchen fangen früher an) finden wir vor allem (und zeit-geschichtlich am frühesten) in den überwiegend protestantischen skandinavischen Ländern (deshalb kann man es auch das skandinavische Muster nennen), das traditionelle Muster in den südlichen und südwestlichen, überwiegend katholischen oder orthodoxen Ländern Europas (Bozon/Kontula 1998). Doch alle Länder in der EU bewegen sich auf das skandinavische Muster zu. Warum, so könnte man fragen, fangen Jungen und Mädchen nicht gleich früh an? Die Antwort ist einfach: Weil Mädchen immer noch Jungen als Partner bevorzugen, die ein wenig älter sind als sie selbst, und Jungen demgegenüber Mädchen, die ein wenig jünger sind. Diese einfache Tatsache erklärt die beschriebenen Geschlechtsunterschiede nach dem skandinavischen Muster. Der Prozess der Geschlechterangleichung beginnt, wie die Enttraditionalisierung, im frühen 20. Jahrhundert. Doch wie es bei der sexuellen Liberalisierung in den 1960ern und 1970ern zu einer jähen Beschleunigung während der »sexuellen Revolution« kommt, so beschleunigt sich der Prozess der »gender equalisation« dramatisch während der Geschlechterrevolution der 1980er.

Romantisierung der Jungen, Emanzipation der Mädchen

Hinter den kargen Grafiken verstecken sich weitreichende Veränderungen in der sozialen Organisation der Jugendsexualität. Dies wird deutlicher, wenn wir den historischen Rahmen erweitern. In einer kleinen Studie aus dem Jahr 1912 zeigten Meirowski und Neisser (1912), dass im Kaiserreich fast alle Männer mit Universitätsabschluss Koitus vor der Ehe hatten. Sie machten ihre vorehelichen Erfahrungen aber in der Regel mit Frauen aus niedrigeren Sozialschichten, die als Ehepartnerinnen nicht infrage kamen (Dienstmädchen, Prostituierte, Arbeiterinnen, Kellnerinnen). Die Jugendsexualität der bürgerlichen Männer dieser Zeit war exogam, weitgehend frei von affektionalen Bindungen, getrennt von Liebe und Beziehungen.

Die Bürgermädchen dagegen lebten als potenzielle Ehefrauen weitgehend vorehelich enthaltsam.

Seit den 1920ern beginnt sich dieses patriarchale Muster – zuerst allmählich, ab den späten 1960ern dann recht schnell – aufzulösen. Sexuelle Beziehungen Unverheirateter im Rahmen von Liebesbeziehungen und mit potenziellen Ehepartnern werden nun immer häufiger. Für bürgerliche Frauen wird Sex vor der Ehe nun üblicher; bei den Männern nimmt zwar die Verbreitung des vorehelicher Sex nicht zu, er wird jedoch qualitativ *anders*. Die Romantisierung der männlichen Sexualität und daraus resultierend die Bindung der Jugendsexualität an eine feste Beziehung sind nun ein mächtiger Trend. Heute spielt sich Jugendsexualität (übrigens aller Schichten) vor allem im Rahmen serieller und vorwiegend monogamer Beziehungen ab (Sigusch/Schmidt 1971; Schmidt 1993; Matthiesen et al. 2013, Kap. 2). Mit der Romantisierung der männlichen Sexualität geht die Selbstbestimmung der weiblichen einher, beide Trends bedingen sich wechselseitig und haben in den letzten 40 Jahren noch einmal erheblich an Schubkraft gewonnen. Ein kleines Beispiel hierfür: Sagten 1970 noch 80% adoleszenter Mädchen, sie hätten es das erste Mal »dem Jungen zuliebe« gemacht, so sind dies heute weniger als 20% (vgl. Schmidt 1993). Die Vorstellung, dass Sex reziprok und wechselseitig sein soll, dass also beide ihn wollen und beide etwas davon haben sollen, hat auch bei Jugendlichen heute den Rang einer Selbstverständlichkeit. Diskrepante sexuelle Wünsche der Partner versuchen Jugendliche konsensuell zu lösen, wobei sich in der Regel und wie bei Erwachsenen der- oder diejenige durchsetzt, der oder die weniger will (Matthiesen/Schmidt 2009; Matthiesen et al. 2013).

Jugendliche – junge Männer wie junge Frauen – betrachten Sexualität heute überwiegend als wechselseitig befriedigendes und verbindendes Handeln und Erleben innerhalb einer festen Beziehung. Im Rahmen einer so verstandenen Sexualität haben junge Männer gelernt, Wünsche, die junge Frauen äußern, und Grenzen, die sie setzen, zu respektieren; und junge Frauen haben gelernt, Grenzen zu ziehen und ihre Wünsche selbstbewusst zu äußern – und haben heute (zumeist) die Macht, ihre Belange durchzusetzen. Das sexuelle Verhalten Jugendlicher folgt nun dem Code der »Verhandlungsmoral« (Kapitel 1). An die Stelle der Kontrolle durch elterliche und gesellschaftliche Verbote ist die Eigenverantwortung Jugendlicher für ihr sexuelles Handeln getreten.

Selbstregulierte Sexualität

Die Verantwortung, die Jugendliche übernehmen, lässt sich zum Beispiel an ihrem Verhütungsverhalten ablesen. Gut 80% der Jugendlichen, die ihren ersten Geschlechtsverkehr zwischen 14 und 17 Jahren haben, schützen sich heute beim »ersten Mal« vor einer unerwünschten Schwangerschaft durch die Einnahme der »Pille« und/oder die Benutzung eines Kondoms. Mit zunehmender sexueller Erfahrung verbessert sich das Verhütungsverhalten noch deutlich: Beim zweiten und beim jüngsten Verkehr verhüteten 95% der 14–17-Jährigen »sicher«, also mit Pille und/oder Kondom (Bundeszentrale für gesundheitliche Aufklärung 2010). Diese Zahl ist von Erwachsenen kaum zu übertreffen. In allen europäischen Ländern zeigen empirische Studien zur Jugendsexualität eine kontinuierliche Verbesserung des Verhütungsverhaltens seit den 1970ern (Bozon/Kontula 1998; Bundeszentrale für gesundheitliche Aufklärung 2010). Aus diesem Grund ist das Vorkommen von Teenager-Schwangerschaften in den meisten europäischen Ländern trotz der weiten Verbreitung sexueller Beziehungen Jugendlicher gering. In Deutschland wurden in den Jahren 1996–2011 sechs bis neun Schwangerschaften auf 1.000 15–17-jährigen Frauen pro Jahr registriert. Seit 2001 sinken diese Raten leicht, aber beständig (vgl. Abbildung 8). Knapp 60% dieser »Teenagerschwangerschaften« enden mit einem Abbruch (Matthiesen et al. 2009). Vergleichsweise stabil sind auch die HIV/AIDS-bezogenen Entwicklungen: Seit Jahren liegt die Rate der Neuinfektionen 15–19-Jähriger bei 1–1,5 pro 100.000 dieser Altersgruppe. Jede vierte bis fünfte Infektion erfolgt bei heterosexuellen Kontakten (Robert Koch-Institut 2013).

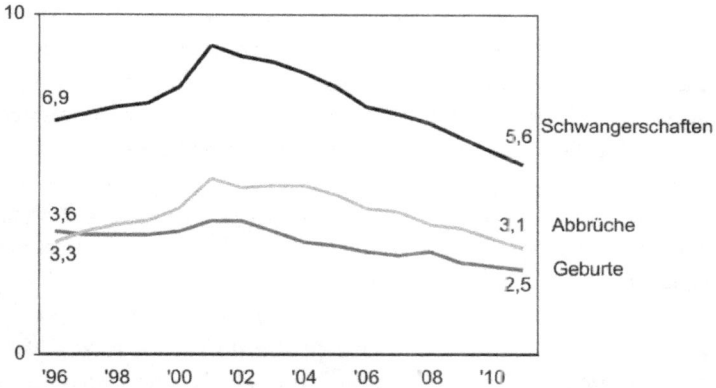

Abb. 8: Schwangerschaften (d. h. Geburten plus Abbrüche; über Fehlgeburten liegen keine Daten vor), Geburten und Schwanger- schaftsabbrüche von 15- bis 17-jährigen Frauen, 1996–2012, Raten per 1.000 Frauen (Statistisches Bundesamt 2013)

Alles in allem lässt sich feststellen: Die Liberalisierung der Jugend- sexualität in den westlichen Industriegesellschaften geht einher mit ihrer Zivilisierung. Diese Einsicht formulierte der US-ameri- kanische Soziologe Harold T. Christensen schon in den 1960ern in seinen kulturvergleichenden Studien zum vorehelichen Sex (Christensen 1966). Er verglich sexuell restriktive amerikanische Studentinnen und Studenten aus dem Mittleren Westen und Utah mit permissiven aus Schweden. In den restriktiven Gruppen war vor- ehelicher Koitus zwar seltener als in freizügigen, zumindest bei den Frauen. Wenn es aber zum vorehelichen Sex kam, dann fand er in restriktiven Gruppen häufiger ohne Verhütung statt, häufiger unter Alkoholeinfluss, häufiger mit Gelegenheitspartnern und häufiger als Folge von Gewalt oder Zwang. Neuere Untersuchungen zeigen, dass die Schwangerschaftsraten minderjähriger Frauen in Gesellschaften mit restriktiven Einstellungen zur Jugendsexualität (zum Beispiel in den USA) sehr viel höher sind als in Ländern mit freizügigen Hal- tungen zur Jugendsexualität (zum Beispiel in den Niederlanden,

Deutschland oder den skandinavischen Ländern) (vgl. im Einzelnen Matthiesen et al. 2009, S. 22ff.). Eine wichtige Ursache hierfür ist, dass Jugendliche in restriktiven Ländern sehr viel schlechter verhüten als in liberalen (ebd.). Die Selbstregulierung ihrer Sexualität gelingt Jugendlichen am ehesten in einem sexualliberalen sozialen Kontext.

Das von mir gezeichnete Bild einer freizügigen, genderegalitären, partnerorientierten, konsensmoralischen und selbstregulierten Jugendsexualität ist der »Mainstream«, zu dem es auch in diesem Land Abweichungen gibt, von denen ich zwei nennen möchte: *Erstens* haben heute viele Jugendliche, vor allem Hauptschulabgänger, geringe Chancen im Hinblick auf Ausbildung und Arbeit. Viele von ihnen werden sozial ausgegrenzt und leben in prekären Verhältnissen. Wir wissen aus soziologischen Studien zur Sexualität, dass soziale Marginalisierung und Verelendung mit einer Brutalisierung der Sexualität und einer Retraditionalisierung des Geschlechterverhältnisses, mit allen ihren Folgen hinsichtlich Doppelmoral und sexueller Gewalt gegen Frauen, einhergehen kann (Rainwater 1966). Die Auswirkungen sozialer Perspektivlosigkeit auf die Sexualität in jugendlichen Randgruppen ist heute kaum vorherzusagen. *Zweitens* leben in Deutschland viele Jugendliche aus geschlechtertraditionellen Kulturen. Sie übernehmen diese Ordnungen oder fügen sich ihnen und sind dann weit von den oben beschriebenen genderegalitären sexuellen Verhältnissen entfernt. Oder sie übernehmen die Werte und Vorstellungen ihrer hiesigen Peers und geraten dann in innere oder familiäre Konflikte (Wermann/ Matthiesen 2013).

Masturbation

Wenden wir uns kurz der sexuellen Verhaltensform zu, die im Jugendalter am üblichsten und häufigsten ist: der Masturbation. Abbildung 9 zeigt den Anteil von Jungen und Mädchen, die mit 15 Jahren oder früher mit der Masturbation beginnen, und zwar wieder für Geburtskohorten von 1935 bis 1994. Bei den Jungen findet sich eine kontinuierliche, wenn auch mäßige Zunahme der Masturbationserfahrenen von etwa 70% auf 90%; bei den Frauen ist der Anstieg sehr viel deutlicher, von ungefähr 20% bei denen, die in den frühen 1950ern 15 Jahre alt waren, auf 60% bei jenen, die in den 1990ern und später 15 wurden. Hierin drücken sich wahrscheinlich größere sexuelle Neugierde, größeres

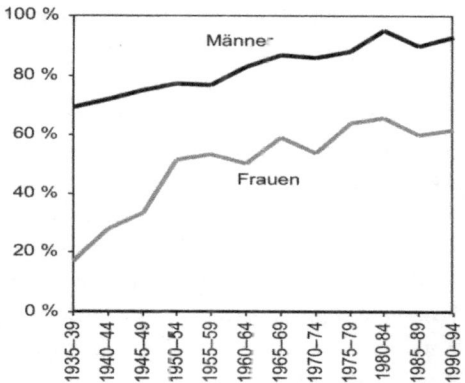

Abb. 9: Anteil Jugendlicher, die ihre erste Selbstbefriedigung mit 15 Jahren oder früher hatten (nach Geburtsjahr) (Projekt »Studentische Sexualität im Wandel 1966–2012«, Institut für Sexualforschung und forensische Psychiatrie der Universität Hamburg, 2012; vgl. auch Schmidt 2004)

sexuelles Selbstvertrauen, eine erhöhte Körperbewusstheit und eine stärkere (sexuelle) Autonomie von den Mädchen der späteren Generationen aus – und dies hat vermutlich weitreichende Konsequenzen für die sexuelle Sozialisation: Heute entdecken mehr Mädchen als früher sexuelle Erregung und Orgasmus für und mit sich, also bevor sie mit einem Jungen zusammen sind, und nicht mehr mit ihm oder durch ihn. Das traditionelle Schema, nach dem ein Mann eine Frau in die Sexualität einführt und die männlichen sexuellen Skripte vorgibt, wird immer bedeutungsloser – sicher zum Vorteil beider Geschlechter. Masturbationsskrupel sind heute bei Jungen wie bei Mädchen übrigens sehr selten: Deutlich weniger als 10% berichten über Schuldgefühle oder moralische Bedenken (vgl. Schmidt 1993).

Im Kapitel über den »Abschied vom Trieb« (S. 40) habe ich schon darauf hingewiesen, dass sich das Masturbationserleben der Jungen im

Zuge der Liberalisierung deutlich verändert hat, und zwar von einem affektkomplexen Ereignis zu einem Zeitvertreib. Erheblich verändert haben sich auch die Hilfsmittel, die Jungen bei der Selbstbefriedigung anwenden: Internetpornografie ersetzt heute weitgehend die früher benutzten Masturbationsvorlagen (Schmidt/Matthiesen 2011), also die Akt- oder Halbaktdarstellungen und Pin-ups, die Jungen in Zeitschriften, Magazinen, Kunstbildbänden, Modekatalogen oder Büchern fanden. In einer Studie aus den 1970er Jahren gaben Jugendliche an, folgende Produkte als Onanievorlagen zu benutzen: »Quick, Neue Revue, Twen, Jasmin, Softgirls, Sexfront, Beate-Uhse-Bücher, Bravo, Neckermann-Katalog, Pardon, Spontan, Konkret, Henry Miller, Playboy, Moravia, Kolle« (Amendt 1974). Heute wie früher aber bevorzugen viele Jungen ihre Fantasie zur Anregung oder Unterstützung der Selbstbefriedigung.

Medialisierung des Jugendsex, analog und digital

Kommen wir noch einmal zurück auf *American Pie*. Der Film illustriert pars pro toto einen mächtigen Trend: Die Sexualisierung der Jugendmedien und der Lebensumwelten Jugendlicher (vgl. auch Kapitel 8). Sex und Liebe werden in Teenager-Fernsehserien, Videoclips, Jugendromanen und -filmen, der *Bravo* oder den vielen neuen Mädchenzeitschriften permanent und en détail behandelt. Die gezeigte Welt ist dabei so gut wie immer eine *hetero*sexuelle. Dadurch kommt es heute zu einer ungewöhnlich frühen, expliziten und offensiven heterosexuellen Sozialisation – vermutlich eher als Nebenfolge denn aus Intension. Selbst in den alten Vorabendserien der öffentlich-rechtlichen Sender wie *Marienhof* oder *Verbotene Liebe*, in Filmen wie *American Pie*, in *Bravo* und den Mädchenzeitschriften, die viele Vorpubertierende und Pubertierende konsumieren, ist alles genau zu sehen oder nachzulesen, was es zwischen Mann und Frau gibt: Flirt; Anmache und Reaktionen darauf; Verliebtsein und Trennung; Sex und was ihm vorangeht; wann und wie Mann oder Frau die Augen schließt, wenn der Mund des oder der Geliebten sich nähert; wie die

Hand sich unters T-Shirt schiebt; was man beim »ersten Mal« zu tun und zu erwarten hat usw. Natürlich und ganz freisinnig gibt es noch die eine oder andere schwule, lesbische oder bisexuelle Person in dieser Welt. Doch diese Figuren sind nur der Hintergrund, vor dem sich Heterosexualität umso klarer abbilden lässt.

So werden Jugendlichen heute bereits vor und während der Pubertät differenzierte heterosexuelle Skripte, »Drehbücher« in ihre Köpfe gesetzt, die sie dann schon einmal in Tagträumen und Fantasie, beim Durchstreifen ihrer sexualisierten Umwelten, beim Online-Flirt oder Online-Sex-Chat (Martyniuk 2013; Martyniuk et al. 2013) und im realen, alltäglichen Kontakt mit dem anderen Geschlecht, bei Offline-Flirt und *Dating* erproben können. Die von pubertären und adoleszenten Jungen häufig konsumierte Internetpornografie versorgt sie mit Bildern expliziter sexueller Handlungsabläufe, die ihnen Anregungen geben können für ihre sexuelle Praxis – vor allem für Koitusstellungen (Schmidt/Matthiesen 2011, S. 372f.).

Jugendliche früherer Generationen hatten solche expliziten Skripte und Erprobungsfelder nicht, sie hatten kaum Bilder über den Ablauf intimen oder sexuellen Geschehens, sie waren in dieser Hinsicht »underscripted« und ziemlich orientierungslos. Heute sind Jugendliche heterosexuell »overscripted« und es wird möglicherweise schwer, die vorfabrizierten medialen Schablonen abzuschütteln. Zweifellos hat dies auch Vorteile: Ihre mit sexuellen Bildern und Geschichten vollgestopfte Medienwelt hat dazu geführt, dass Jugendliche heute mit sexuellen Reizen außerordentlich gelassen umgehen. Sie sehen »ganz cool« Sexszenen im Film, Video oder Internet, die ihre Mütter und Väter noch in sexuellen Aufruhr versetzt hätten. Ihre sexualisierte Umwelt stößt sie deshalb weder in Verwahrlosung noch in sonderliche Verwirrung. Das gilt auch für ihr Zusammentreffen mit den Pornowelten des Internets, die für Jungen heute alltäglich geworden sind (Schmidt/Matthiesen 2011; vgl. auch Matthiesen et al. 2013, Kap. 4).

8. Geschlechterkämpfe, Geschlechterspiele

Das ist Britney Spears, eine Popsängerin, die Anfang der 2000er vor allem von Mädchen angehimmelt wurde. Ein Pin-up-Foto für den Männerspind, könnte man meinen. Stimmt aber nicht, es ist ein Poster aus einem Magazin für para-pubertierende Mädchen, ein Pin-up für *Mädchen*, eines von zahllosen aus diesen rundherum und für Ältere ein wenig schockierend sexualisierten Girliezeitschriften. Was ist daran interessant? Für die in den Diskussionen des Geschlechterkampfes

Abb. 10: Pin Up for Girls

der 1980er geschulten Betrachterinnen und Betrachter scheint die Sache klar: Das ist der Backlash, nun werden Mädchen wieder ungeniert auf die Figur des ebenso aufreizenden wie gefügigen Sexualobjekts getrimmt, der Widerstand gegen eine solche Art Sexismus scheint erloschen. Aber stimmt das? Oder ist das für die junge Generation gar nicht mehr sexistisch?

Neben den Prozess, den die finnische Soziologin Elina Haavio-Mannila »gender equalisation« (Haavio-Mannila et al. 2002, S. 7) genannt hat, also neben die zunehmende Angleichung von Frauen und Männern im Hinblick auf Selbstbestimmung, Rechte, Chancen und Aufgaben, tritt seit etwa 20 Jahren eine andere Entwicklung: Unsere alltägliche Umwelt wird wieder geschlechtsbetonter und sexuierter; Unisex scheint passé. Wurden zu Beginn der 1990er in Hamburg Dessous-Reklamen noch regelmäßig von den Litfaßsäulen gerissen oder an den Bushaltestellen die Scheiben zertrümmert, unter denen sie prangten, so bleiben sie heute unbehelligt und entfachen kaum noch antisexistischen Furor. Allerdings gesellen sich zunehmend auch Plakate von Männern in knapper Wäsche und erotischen Posen zu den Bildern von Frauen. Wurde »damals« noch etwa die gleiche Tuchmenge für das T-Shirt eines Jungen oder Mädchen verwendet, so verbrauchen die Designer für ein Jungenhemd heute glatt das Doppelte: Die Shirts für Mädchen werden hauteng geschnitten, die für Jungen sind überdimensioniert und suggerieren, dass sich darunter Körper von Football-Helden verbergen.

Stehen »gender equalisation« und sexualisierte Betonung des Geschlechts in einem Widerspruch? *Ja*, wenn man Sexualisierung und Sexuierung unseres Alltags als heimliche und aufdringliche Wiederkehr sexistischer Mechanismen betrachtet. *Nein*, argumentiert der Kopenhagener Soziologe Henning Bech in seinem Aufsatz »Gendertopia« (Bech 2000; vgl. auch Bech 1997), eine solche Sicht verharre in den Denkfiguren des Feminismus der 1970er und 1980er. Das Geschlechterverhältnis aber habe in einigen Ländern des Westens, zum Beispiel in Dänemark, ein Niveau erreicht, auf dem dieser Feminismus nichts mehr erklärt, obwohl er dieses Niveau zweifellos befördert hat. In Bechs sozialhistorischen Überlegungen spielt die Unterscheidung von »sozialem Geschlecht« und »kulturellem Geschlecht« eine zentrale

Rolle. Ich will sie kurz nachzeichnen, weil sie neue Perspektiven auf spätmoderne Geschlechterverhältnisse (in den Mittelschichten des Westens) eröffnet.

Erosionen des sozialen Geschlechts

Am Anfang der Moderne steht eine extrem hierarchische Geschlechterordnung mit einem beinahe feudalistischen Verhältnis zwischen Mann und Frau (Beck/Beck–Gernsheim 1990, Kap. 1.). Die Moderne war »halbiert«, Männer hatten an ihr teil, Frauen nicht, Männer hatten Zugang zu Bildung, Beruf, zum öffentlichen Leben, zur Politik, sie konnten Individualisierungschancen wahrnehmen (wenn auch mit großen Klassenunterschieden). Frauen nicht. Diese Ordnung befand sich von Anfang an im Widerspruch zu den bürgerlichen Idealen von Gleichheit, Demokratie, Selbstbestimmtheit und auch im Widerspruch zum Ideal der romantischen Liebe. Sie war deshalb von Beginn an labil: Die »halbierte Moderne« tendierte dazu, eine ganze zu werden. Seit der Mitte des 19. Jahrhunderts dringen Frauen, zunächst vereinzelt, dann immer »kollektiver«, in soziale Räume und Aufgaben vor, die bis dahin als »natürliche« Reservate der Männer galten: Ausbildung, Arbeit, Politik, Teilnahme am urbanen Leben. Die Definition des sozialen Geschlechts, also dessen, was Mann und Frau jenseits der Körper unterscheidet, begann zu erodieren. Die Selbstgewissheit der Männer, d. h. zu wissen, was einen Mann ausmacht, wurde prekär. Vordem konnte Männlichkeit an sozialen Differenzen festgemacht werden: Wer Geld verdiente, die Universität besuchte oder eine Lehre machte, einem Beruf als Schmied oder Bankier nachging, abends ohne Begleitung auf die Straße ging oder Kneipen aufsuchte, im Schützenverein war usw. usf., war unstreitig ein Mann. Nun, im Laufe der Zeit, konnte Männlichkeit nur noch am männlichen Körper und dessen Funktionen, vor allem an der Sexualität, unstreitig festgemacht werden. Mit der Frau etwas tun zu können, was diese nicht mit ihm tun kann: »erigieren,

penetrieren, stoßen, explodieren und feuern« (Bech 1997, S. 132),
war beinahe alles, was an Männlichkeitsbeweisen blieb. Deshalb eta-
bliert sich »moderne Männlichkeit in emphatischer Weise als heterosexuelle Männlichkeit: Heterosexualität wurde ihr Fundament
und Herzstück« (Bech 2000, S. 215). Mit der Zelebrierung der
Heterosexualität als Männlichkeitsbeweis ging die Definition des
homosexuellen Mannes und die Abgrenzung von ihm einher (vgl.
Kapitel 10). Er wurde als Kontrast zur »richtigen« Männlichkeit
und zur Kennzeichnung des schlechthin Unmännlichen benötigt;
denn er machte nicht, was »männliche« Männer tun – Frauen penetrieren –, sondern tat vielleicht sogar das, was »richtige« Frauen
machen: sich penetrieren lassen. Doch der heterosexuelle Koitus
war als Identitätsnachweis für Männer keineswegs unproblematisch,
denn Frauen wurden nun zum Tribunal der Männlichkeit; nur sie
konnten die Leistung »Männlichkeit« beurteilen und verifizieren.

Die Erosion und Problematisierung des sozialen Geschlechts führte
zunächst – als Reaktion der verunsicherten Männer – zu antagonistischen Geschlechterbeziehungen, in denen der Gegensatz zu und die
Überlegenheit gegenüber Frauen markiert werden musste. Es kam
zum Geschlechterkampf, in dem die Sexualität eine wichtige Front
wurde. Er wurde von den Frauen und ihren feministischen Bewegungen
um den Zugang zu »männlichen« Räumen und Privilegien und als
Widerstand gegen die Konstruktion der überlegenen Männlichkeit,
letztlich für die Auflösung des sozialen Geschlechts geführt; von den
Männern zur Selbstvergewisserung und zur Bewahrung gesellschaftlicher Überlegenheit. Eine Position der Männer nach der anderen wurde
geschliffen. Um nur an einige Stationen des Geschlechterkampfes zu
erinnern: Wahlrecht für Frauen, ihr Zugang zu den Universitäten,
ihre Gleichstellung vor dem Gesetz, gleiche Chancen im Hinblick auf
Ausbildung, Arbeit und Einkommen, Diffusion der Geschlechterrollen
und schließlich der »showdown« in den 1980er Jahren gegen sexuelle
Gewalt an Frauen und für sexuelle Selbstbestimmung. Die Gesellschaft
wurde *heterosozialisiert*: In Kindergarten, Grundschule, Gymnasien,
Universitäten, in der Lehre, auf der Arbeit, in der Öffentlichkeit usw.

sind Jungen und Mädchen, Männer und Frauen zusammen; ihre Welten sind nicht mehr geschlechtsgetrennt, sondern homosozial. Viele Bereiche hinken noch hinterher – z.B. Politik, höhere Positionen in Ausbildung (Professoren) und Wirtschaft (Manager) –, doch selbst hier sind heterosoziale Verhältnisse für jedermann und jedefrau zumindest vorstellbar. Das heißt: Das Verschwinden des sozialen Geschlechts wird vorstellbar.

Inszenierungen des kulturellen Geschlechts

Mit der Zeit hat sich, so Bech, das Spektakuläre und Bedrohliche am Vorrücken der Frauen abgeschliffen; ihre Präsenz im gesellschaftlichen und öffentlichen Leben ist alltäglich und selbstverständlich geworden. Wieso kommt es in dieser Situation erneut zum oben beschriebenen *gendering* unserer realen und medialen Umwelt? Bech schlägt vor, zwischen dem *sozialen* Geschlecht und dem *kulturellen* Geschlecht zu unterscheiden und versteht unter letzterem die Darstellung und Inszenierung von Männlichkeit und Weiblichkeit durch Outfit, Gestus und Attitüde. Während die sozialen Geschlechtsunterschiede verschwinden, bleiben die kulturellen bestehen, sie werden sogar aufpoliert und zugespitzt, ästhetisiert und zunehmend sexualisiert und spielerisch in Szene gesetzt – in der Öffentlichkeit, in der Schule, der Uni, im Büro, zu Hause, in den Medien wird das *Geschlechterspiel* fortwährend aufgeführt. Und warum verschwindet das kulturelle Geschlecht nicht mit dem sozialen? Weil die Differenz verlockend ist und irgendwie gerettet werden muss – aus Lust am Inszenieren und weil in den Logiken der urbanen, teleurbanen und netzurbanen Welten ästhetisierte und sexualisierte Inszenierungen unentbehrlich sind. In diesen Welten voller Fremden nehmen sich Menschen vor allem als Oberflächen wahr, sie sind füreinander Oberflächen – für die Blicke des anderen. Oberfläche wird zur Grundlage der Beurteilung und des Interesses: spannend oder langweilig, schön oder hässlich, erotisch oder unerotisch. Der Dorfbewohner der vorindustriellen Gesellschaft traf kaum auf Fremde, er sah mehr als Oberfläche. Begegnete ihm jemand auf der Straße, dann wussten er oder sie: Das ist der Schmied, der macht schöne Tore, bezahlt den Gesellen schlecht, verbringt zu viel Zeit im Dorfkrug, prügelt gelegentlich Frau und Kinder und hat eine Geliebte im Nachbardorf. Der Städter begegnet »draußen« fast nur Menschen mit Oberflächen. Und da Oberflächen in den städtischen Welten so wichtig sind, werden sie stilisiert, ästhetisiert und sexualisiert. Geschlechtsgarderoben, das Auftreten in den vielen Formen als Mann und Frau, sind eine wichtige Möglichkeit zur Stilisierung von Oberflächen. Die Oberflächen werden auf der Suche nach Reizen, Signalen und Bedeutungen »gescannt«, es entsteht eine Atmosphäre des nie endenden Cruising, der nie endenden Stimulation. Wir gehen, sagt Bech, in den urbanen und teleurbanen Welten ständig nicht-orgastische sexuelle Beziehungen zu Fremden ein (Bech 1997, S. 211).

Mit der Inszenierung des kulturellen Geschlechts wird die Geschlechterauffassung de-naturalisiert und de-essenzialisiert. Selbst die Versuche, die Dominanz biologischer Deutungsmuster wieder aufzurichten, werden Teil des Geschlechterspiels und als Parodien konsumiert, zum Beispiel, wenn wir Bücher lesen, die uns evolutionspsychologisch erklären, warum Frauen nicht einparken oder Männer keine Schuhe kaufen können. Damit wird das Verhältnis zum eigenen Geschlecht distanzierter, reflexiver, experimenteller und ironischer. Da die Geschlechtergarderoben und -gesten, mit denen sich Männer und Frauen im Geschlechterspiel begegnen, oft traditionell daherkommen – siehe oben –, wirken sie häufig sexistisch. Sie sind aber nur noch ein Spiel mit sexistischen Attributen und Mustern. Männer und Frauen begegnen sich als gleichberechtigte und gleich starke Spieler, das Geschlechterspiel ist reziprok. Frauen gehen in Striptease-Shows von Männern und goutieren triumphierend, dass nun auch mal die Kerle für Frauen erotisch posieren. In Anzeigen für Dessous sind Männer noch nackter als Frauen und der lässige Griff in den Slip und an den Hintern des oder der anderen ist mutuell (Abbildung 11). Mädchenmagazine bieten ihren jungen Leserinnen Anziehpuppen halbnackter schöner

»boys« zum Ausschneiden an, denen sie die Boxershorts wechseln können (Abbildung 12). Der Sexartikelmarkt für Frauen boomt seit einigen Jahren – und Feministinnen diskutieren, ob diese Entwicklung Anpassung an androzentrische Vorgaben oder aber sexuelles Empowerment von Frauen signalisiert (Attwood 2006).

Femme fatale und Macho

Bech betont, dass seine Überlegungen zum Geschlechterspiel nur »einen Trend markieren, mehr noch, einen Trend, der koexistiert und sich mischt mit dem älteren Trend des Geschlechterkampfes und der hierarchischen, antagonistischen Geschlechterkonstruktion« (Blech 2000, S. 238). Begegnen kann man diesem Trend allerorten und das Konzept hilft, in verwirrenden Situationen nicht in alte Schubladen zu greifen. Vor einiger Zeit war ich auf einem Schulfest eines Hamburger Mittelstufengymnasiums. Es herrschte eine schöne Atmosphäre, Cafés mit Selbstgeba-

Abb. 11: Geschlechterspiel, reziprok

Abb. 12: Cut out and Dress your Boyfriend

ckenem, Darbietungen, Jugendliche, die mit einem Handy in einer Ecke standen – oder zum Schmusen in einer anderen. Angekündigt wurde u. a., dass in der Aula die Wahl der »Miss Helene Lange« stattfinden sollte. Entsetzt über einen solchen Atavismus, noch dazu in einem Gymnasium, das den Namen einer bedeutenden deutschen Frauenrechtlerin trägt, eilte ich in die Aula, konnte mich jedoch bald beruhigen: 11–16-jährige Mädchen präsentierten sich geschminkt, gedresst und herausgeputzt und mimten mit Hüftschwung und lasziven Bewegungen oder verführerischen Blicken eine erotische Frau – mal Vamp, mal Dirndl, mal Grande Dame, mal kesse Großstadtgöre. Mit Lust, Freude und vor allem mit *ironischer Distanz* übten sie ihre Rolle im Geschlechterspiel. Mit der Dumpfheit früherer Misswahlen hatte das nichts zu tun, denn sie waren Akteure, Subjekte. Und nach der Misswahl traten die Jungen auf, als wollten sie den Mädchen nicht nachstehen im Wettstreit um den »Mr. Helene Lange«. In meinem anfänglichen Entsetzen hatte ich diese Reziprozität im Programm ganz übersehen. Ebenso ironisierend, spielerisch, ästhetisiert und sexualisiert inszenierten sie sich als Macho, Romeo, Gigolo, lonesome cowboy, um den Mädchen als gleichwertige Spieler begegnen zu können. Ihre Darbietung war allerdings nicht so gekonnt wie die der Mädchen. Geschlechterposen, die früher Macht, Unterwerfung und Kampf ausdrückten, sind spielerischer und parodistischer geworden. Die Unterdrückungslinien verlaufen offenbar nicht mehr so sehr entlang der Kategorie »Geschlecht«, sondern eher entlang der Kategorien »Attraktivität« bzw. Sinn und Geld für Styling (was allerdings keineswegs harmlos ist).

Damit sind wir wieder bei Britney Spears und wissen nun, warum ihr Pin-up keins mehr ist. Übrigens: Die junge Frau, die da so sexy posierte, sagte damals überall, wo sie gefragt wurde, »I am a virgin«. Das war, nebenbei bemerkt, keine moralische Aussage, sondern Teil ihres Jungstar-Logos, so wie auch die Aussagen der wenigen Jugendlichen, die sich heute zur »neuen Keuschheit« bekennen, eher eine Identitätsaussage, die ihre Besonderheit markiert, als eine moralische ist. Britney Spears' Sprüche aber waren wichtig für ihre jungen Fans, die ab 16 immer dünner gesät waren. Sie signalisierte den präpuberalen und puberalen Mädchen: Seid so sexy wie ich, übt das Geschlechterspiel, spielt mit (sexualisierten) Gender-Attributen – das heißt noch lange nicht, dass ihr »es« tun müsst. Es kann noch eine Weile ein Spiel bleiben, und wenn es später ernst wird, wird es ein neues Spiel sein. Das ist eine beruhigende Botschaft für viele Jugendliche in der Pubertät und um die Pubertät herum: Sie gibt ihnen den Freiraum, sich am Geschlechterspiel zu beteiligen.

9. Zwei, drei, vier Geschlechter

Die allermeisten von uns sind, ohne es so recht zu merken, Anhänger einer ebenso naiven wie wirkungsvollen Geschlechtertheorie, die mit der Macht, die kulturelle Selbstverständlichkeiten nun einmal haben, unser Wahrnehmen, Denken und Handeln bestimmt. Diese Theorie wird selten ausgesprochen, sie bleibt implizit. Formuliert man ihre Postulate, dann erscheinen sie, wie alles, was uns quasi natürlich vorkommt, von trivialer Plausibilität. In Anlehnung an Harold Garfinkel (1967) kann man diese Postulate so benennen:

1. Es gibt nur zwei Geschlechter;
2. jeder/jede hat nur ein Geschlecht;
3. das Geschlecht ist unveränderbar, man hat zeitlebens dasselbe;
4. Körpergeschlecht und Geschlechtsgefühl (Geschlechtsidentität) stimmen überein;
5. Geschlechtswechsel ist nur als temporäres Ritual (zum Beispiel im Karneval) akzeptabel.

Die Sexualforschung war und ist bei allen Themen, die sie bearbeitet, immer auch mit der Geschlechterfrage konfrontiert. Sie hat sich an dieser Alltagstheorie abgearbeitet und Gegenpositionen, auch radikale, bezogen, aber sie auch immer wieder affirmiert, »gerettet«. Ich möchte dies an drei prominenten sexualwissenschaftlichen Themen zeigen, nämlich der Homosexualität, der Intersexualität und der Transsexualität. Beginnen werde ich scheinbar paradoxerweise mit einer Sexualform, bei der nur eine Geschlecht vorkommt: der Homosexualität.

Schwule und Lesben als Geschlechtsabweichler

Karl Heinrich Ulrichs, Jurist, Sexualforscher und einer der ersten Kämpfer für die Rechte Homosexueller, verfasste zwischen 1864 und 1879 zwölf Schriften über das »Räthsel der mannmännlichen Liebe« (vgl. auch Sigusch 2000), in denen er männliche Homosexualität als eine Geschlechtsbesonderheit konzipierte, aus der dann in *Folge* eine sexuelle Besonderheit resultierte. Für ihn war der Homosexuelle zunächst ein Geschlechtsrebell und erst sekundär ein Sexualrebell. Der Kern seiner Lehre ist in dem Satz formuliert: »Anima muliebris virili corpore inclusa« – eine weibliche Seele, eingeschlossen im männlichen Körper. Die weibliche Homosexualität fasste er ganz analog auf – eine männliche Seele, eingeschlossen im weiblichen Körper –, ohne sich jedoch allzu sehr dafür zu interessieren. Die Geschlechtsbesonderheit des Homosexuellen – des »Urnings«, wie Ulrichs ihn nannte – ist von der Natur geschaffen, und das homosexuelle Verlangen somit tief in der Seele des Individuums verankert. Ulrichs schuf damit eine Denkfigur, mit der wir uns bis heute herumschlagen (vgl. das nächste Kapitel). So ist es dem Homosexuellen unmöglich, seine »weiblichen« Triebe in »männliche« umzuwandeln. Deshalb sei es ungerecht, ja gegen die Natur, Homosexuelle zu verfolgen und zu diskriminieren. Mutig rief Ulrichs homosexuelle Männer ausdrücklich dazu auf, auch ihre Geschlechtsbesonderheit, die Weiblichkeit ihres Charakters – nicht nur ihre mannmännliche Liebe –, zu bejahen, ihre »Feminität« als Teil ihrer Natur stolz zu leben. Er war der erste vehemente Befürworter dessen, was wir heute »gender nonconformity« nennen.

Ulrichs differenzierte seine Theorie von Schrift zu Schrift. In seinen frühen Arbeiten formulierte er noch das einfache Schema des »Dritten Geschlechts«, das die Natur neben heterosexuellen Frauen

und Männern geschaffen habe. Diese einfache Position radikalisierte
er bald zu einer allgemeinen Geschlechtertheorie: Männlichkeit und
Weiblichkeit sind die idealtypischen Pole eines Kontinuums. Da diese
Idealformen in der Realität nicht vorkommen, ist jeder Mensch, Mann
wie Frau, mehr oder weniger ein zwittriges oder Übergangswesen,
eine Geschlechtermischung. Die besonders »kerligen« Männer und
die besonders weiblichen Frauen haben wenige gegengeschlechtliche
Anteile, die »sanften« heterosexuellen Männer bzw. die »wilden«
heterosexuellen Frauen schon mehr, die homosexuellen Männer und
lesbischen Frauen sind besonders gemischt. Aber auch bei ihnen gibt
es vielfältige Unterschiede, etwa den »Mannling«, der mit weiblichen
Trieb, aber einem männlichen Charakter ausgestattet ist, oder der
»Weibling«, dessen Seele *und* Trieb vom männlichen Körpergeschlecht abweichen, sowie »Zwischenurninge« in »tausend Abstu-
fungen«. So hob Ulrichs die traditionelle Geschlechterdichotomie
(und damit Postulate 1 und 2 der Alltagstheorie) auf und entwickelte
ein naturalistisches Konzept unzähliger, variationsreicher Zwischen-
formen. Die individuelle Mischung männlicher und weiblicher Anteile
ist für ihn angeboren, »natürlich«, also nicht veränderbar. Ulrichs
beschwor die Vielfalt des Geschlechts und rief damit die Geschlechter*un*ordnung aus, um sie (die Unordnung) durch die Fixierung der
Vielfalt durch die Natur gleich wieder zu kassieren. Die Vielfalt ist
statisch (Postulate 3 und 4 werden bestätigt).

Otto Weininger hat gut 20 Jahre nach Ulrichs in seinem damals
viel beachteten Buch *Geschlecht und Charakter* ein ganz ähnliches
Geschlechtermodell entwickelt, offenbar ohne Ulrichs Arbeiten zu
kennen. Auch er geht von einer unbegrenzten Zahl von Mischfor-
men der Geschlechter aus. Die jedem und jeder eigene Doppelge-
schlechtlichkeit ist auch für Weininger bei homosexuellen Männern
und Frauen besonders ausgeprägt. Genauso wie Ulrichs fasst auch er
die Gemischtgeschlechtlichkeit taxonomisch, als Erscheinungsform
»natürlicher« Vielfalt, und nicht pathologisch auf. Darüber hinaus
entwirft Weininger ein arithmetisches, naturalistisches Konzept sexueller Anziehung, demzufolge in jedem Paar ein ganzer Mann und

ein ganzes Weib zusammenzukommen trachten. Der Mann, der zu drei Vierteln männlich und zu einem Viertel weiblich ist, wird sich durch eine Frau besonders angezogen fühlen (und sie sich durch ihn), die zu einem Viertel maskulin und zu drei Vierteln feminin ist. Homosexuelle Männer und Frauen suchen besonders stark gemischte Partner, wodurch auch bei idealen homosexuellen Paaren – in der arithmetischen Summe – ein ganzer Mann und eine ganze Frau zusammenkommen, d. h. auch sie letztlich heterosexuell sind. Es gibt offenbar viele Möglichkeiten, die Konvention zu retten, auch wenn man sie zuvor auf den Kopf gestellt hat. Magnus Hirschfeld, einer der führenden Sexualforscher des frühen 20. Jahrhunderts und beherzter Vorkämpfer für die Rechte von Schwulen und Lesben, übernahm und differenzierte die Lehre Ulrichs in seiner Zwischenstufentheorie (Herrn 2009). Er begründete 1899 das erste sexualwissenschaftliche Periodikum und nannte es »Jahrbuch für sexuelle Zwischenstufen«.

Das traditionelle Zweigeschlechtermodell geriet am Ende des 19. Jahrhunderts also ins Wanken, zumindest bei den Intellektuellen. Dies hat wohl zwei Gründe: Zum einen brachte die strikte und elaborierte Definition des »richtigen« Mannes und der »richtigen« Frau jener Zeit viele Männer und Frauen hervor, die nicht in den engen konventionellen Rahmen passten; zum anderen war durch die beginnende »Geschlechtsmigration« (Hirschauer 1993) der Frauen die Erosion des sozialen Geschlechts schon am Horizont erkennbar (Bech 2000; vgl. auch Kapitel 8 dieses Buches). Die Mischformenkonzepte boten eine entlastende, nicht pathologisierende Erklärung für die häufige Devianz gegenüber dem traditionellen Geschlechterideal im 19. Jahrhundert. Doch Ulrichs Denkfigur spielt in den wissenschaftlichen Überlegungen zur Entstehung von Homo- und Heterosexualität bis heute eine große Rolle. Moderne biologische Theorien fassen Homosexualität als Folge einer *verweiblichenden* vorgeburtlichen Hormongeschichte oder als Folge einer genetisch begründeten *Verweiblichung* bestimmter Regionen des Zwischenhirns auf (vgl. zur Übersicht und Kritik DeCecco/Parker 1995 sowie Voß 2013). Für Lesben wurden – wie schon bei Ulrichs eher beiläufig – analoge Vorstellungen entwickelt;

die »Männlichkeit« der Frauen faszinierte die Forscher weit weniger als die »Weiblichkeit« der Männer.

Intersexualität und Geschlechtertheorie

Seit den 1950ern beschäftigt sich die Sexualwissenschaft zunehmend mit der Intersexualität. »Intersexuell« nennt man Menschen, deren körperliche Geschlechtsmerkmale nicht eindeutig oder einheitlich männlich oder weiblich ausgeprägt sind; sie haben beispielsweise einen ungewöhnlichen Geschlechtschromosomensatz oder uneindeutige äußere Geschlechtsorgane. Die Intersex-Forscherinnen und -Forscher waren die ersten, die »sex«, das körperliche Geschlecht, und »gender«, das psychosoziale Geschlecht, unterschieden. Und sie schufen, lange bevor Sozialwissenschaftler daran dachten, eine konstruktivistische Theorie des Geschlechts: In ihren frühen Studien (vgl. Übersicht bei Money/Ehrhardt 1975; zum heutigen Forschungsstand vgl. Schweizer/Richter-Appelt 2012a) gelangten sie zu dem Schluss, dass die Entwicklung des Geschlechtsgefühls (der Überzeugung, ein Mann oder eine Frau zu sein) vor allem ein Ergebnis der nachgeburtlichen Entwicklung ist und nicht von biologischen Faktoren determiniert ist. Vergleichende Fallgeschichten von Intersexuellen gleicher Diagnose, also mit gleichem somatischen Befund, die aber unterschiedlich dem weiblichen bzw. männlichen Geschlecht zugewiesen und entsprechend erzogen worden waren, zeigten, dass intersexuelle Kinder in der Regel eine Geschlechtsidentität entwickelten, die der nachgeburtlichen Lebensgeschichte, also dem Erziehungsgeschlecht entsprach. Die aus diesen Beobachtungen resultierende radikale geschlechtertheoretische Position, die die Entwicklung der Geschlechtsidentität an die Sozialisation und nicht an das Körpergeschlecht bindet, führte zu einer folgenreichen neuen Doktrin der medizinischen und psychosozialen Behandlung von intersexuellen Kindern. Hatte man vorher nach der Maxime gehandelt, die Kinder immer nach Maßgabe des körperlichen Geschlechts zuzuweisen und aufzuziehen, so sollte Geschlechtszuweisung und Aufziehen nun allein unter dem Gesichtspunkt erfolgen, was zu einer optimalen Entwicklung einer »sicheren« Geschlechtsidentität und Lebenszufriedenheit führen könnte (zur Geschichte der Behandlungskonzepte vgl. Schweizer/Richter-Appelt 2012b). Etwas konkreter: Nun galt die Devise, dass es schwerer sei, als Mann ohne Penis zu leben, als auf chirurgischem Wege ein weibliches Genitale zu bekommen und eine Frau zu werden.

Diese Strategie setzte das traditionelle Geschlechterkonzept teilweise außer Kraft (genauer: das 4. Postulat, s.o.) und hielt zugleich strikt an der Dichotomie der Geschlechter fest (Postulate 1 und 2). Doch selbst die theoretisch geforderte Aufhebung der Einheit von »Sex« und »Gender« wurde in der Praxis wieder zurückgenommen, da durch die medizinischen Maßnahmen die Übereinstimmung auf chirurgischem und hormonellem Weg (scheinbar) wiederhergestellt wird. Die körperlichen Geschlechtsmerkmale – »Sex« – werden zur kosmetischen Kulisse von »Gender«, sie sind aber nicht mehr dessen Determinante. Dies verdeutlicht der von Money und Ehrhardt (1975) mitgeteilte Fall eines Jungen, der im Alter von sieben Monaten durch einen Operationsunfall bei der Beschneidung seinen Penis verlor. Entsprechend der beschriebenen Vorstellung über die Geschlechtsidentität glaubten die Behandelnden, dass dieser Junge einfacher als Mädchen bzw. Frau leben könnte denn als penisloser Junge bzw. Mann. Sie besprachen mit den Eltern, ihn als Mädchen großzuziehen, entfernten die Hoden im Alter von 17 Monaten und legten ihm im Alter von 21 Monaten eine Neovagina an. Aus Bruce wurde Brenda. Das Kind wuchs als Mädchen heran und wurde von Money und Ehrhardt als »Tomboy« – als »wildes Mädchen« mit Vergnügen an rauen und Wettkampfspielen der Jungen – beschrieben (eine Verhaltensweise, die Money und Ehrhardt auch bei Mädchen fanden, die pränatal einem hohen Androgenspiegel ausgesetzt waren). Money sah in der Entwicklung des Kindes einen Beleg für seine These, dass die Geschlechtsidentität bei kleinen Kindern etwa bis zum 18. Lebensmonat noch so unentwickelt ist, dass ein genetischer

Junge erfolgreich als Mädchen aufgezogen werden könnte, wenn dies *früh genug* und *eindeutig genug* geschehe. Der weitere Verlauf, der von dem Journalisten John Colapinto (2002) recherchiert und veröffentlicht wurde, stellt diese Schlussfolgerung jedoch infrage: In der Pubertät, die durch weibliche Hormongaben zu Brustwachstum und femininem Äußeren führte, begann der Patient, seine weibliche Identität abzulehnen und als Mann zu leben. Aus Brenda wurde David. Später wurden ihm die Brüste operativ entfernt, er bekam nun eine Substitutionstherapie mit männlichen Hormonen, ein Neopenis wurde chirurgisch angelegt. Als Erwachsener heiratete er eine Frau und adoptierte deren Kinder. Jahre später, im Alter von 38 Jahren, brachte sich David um. Das tragische Schicksal Davids wird von Colapinto eindringlich dargestellt. Er wirft Money nicht nur eine falsche Behandlung, sondern Experimente am Menschen vor (zu Werk und Persönlichkeit Moneys vgl. auch Schmidt 2009c).

Von den vielen Aspekten dieser Lebensgeschichte will ich nur zwei hervorheben: Zum einen zeigt sie am Beispiel des medizinischen Komplexes, wie tief wir in die Alltagstheorie des Geschlechts verstrickt bleiben, selbst wenn Teile dieser Theorie aufgegeben werden; zum anderen stellt sie die Annahme Moneys einer Gender-Neutralität des Menschen bei der Geburt und in den ersten Lebensmonaten infrage. (»As Nature made him«, lautet Colapintos Originaltitel – und seine Gegenposition.) Allerdings ist die Beweiskraft von Kasuistiken für theoretische Grundannahmen begrenzt. So wurde vor einiger Zeit von kanadischen Wissenschaftlern ein Fallbericht veröffentlicht, der eher Moneys theoretische Position unterstützt (Bradley et al. 1998). Wie in dem oben beschriebenen Fall wurde bei einem Babyjungen nach der Zerstörung des Penis bei der Beschneidung Penisstumpf und Hoden abgetragen und der Junge als Mädchen aufgezogen. Operation und Zuweisung zum anderen Geschlecht geschahen hier allerdings früher als im oben erwähnten Fall, nämlich im Alter von sieben Monaten. In Kindheit, Jugend und frühem Erwachsenenalter erlebte sich die Patientin als Frau, bezeichnete sich als bisexuell und hatte entsprechend sexuelle und Liebesbeziehungen mit Frauen und mit Männern; sie arbeitete in einem männertypischen Beruf und war zeitlebens ein »Tomboy« gewesen. Die Autoren folgern vorsichtig, dass zumindest unter bestimmten Bedingungen genetisch männliche und als biologisch normale Jungen geborene Kinder eine weibliche Geschlechtsidentität entwickeln können.

Die Lehren, die die Sexualwissenschaft anfänglich aus der Intersexforschung zog, tangierten nicht die Grundüberzeugung einer dichotomen Geschlechterwelt, in die sich jede und jeder einzuschreiben hat, und zwar eindeutig und dauerhaft. Die Behandlung der Intersexualität sollte diese Einschreibung gewährleisten. Diese Auffassung stößt zunehmend auf massive Kritik der Betroffenen und ihrer Organisationen (vgl. u. a. Reiter 1999) – und in der Folge auch der Sexualforschung (Schweizer/Richter-Appelt 2012b). Betroffene wie ForscherInnen fordern nun mit Nachdruck, die Vielfalt der Geschlechtlichkeit anzuerkennen, sie nicht durch eine Behandlung der Vereindeutigung zu eliminieren und intersexuelle Menschen als Erwachsene selbst darüber entscheiden zu lassen, ob und welche medizinischen Eingriffe sie wollen. Akzeptanz der Geschlechtervielfalt und Selbstbestimmung für intersexuelle Menschen sind ihre Ziele. Man geht nun davon aus, dass intersexuelle Menschen sich männlich, weiblich oder spezifisch intersexuell geschlechtsidentifizieren können (Schweizer 2012) – und hebt damit Postulat 1 aus den Angeln. Doch *noch* und in der Regel bedeuten Genitalien »Gender«. Eine größere Akzeptanz genitaler Variationen könnten der Soziologin Suzanne Kessler zufolge auch dazu führen, körperliches Geschlecht und Gender zu entfesseln und damit die Macht der Genitalien, Gender »zu machen«, zu schwächen (Kessler 1998).

Transsexuelle und andere Gender Queers

Ein besonders starkes Interesse bei den Geschlechtstheoretikern haben Transsexuelle gefunden (vgl. u. a. Garfinkel 1967; Kessler/McKenna 1978; Hirschauer 1993; Lindemann 1993; Sigusch 1995).

Körperlich »normale« (soweit wir heute wissen) Männer fühlen sich als Frauen und wollen als Frauen leben; körperlich »normale« Frauen fühlen sich als Männer und wollen als Männer leben. Transsexuelle stören die traditionelle Geschlechterordnung, unsere Alltagstheorie des Geschlechts, gleich im Hinblick auf mehrere Punkte (Postulate 3, 4 und 5), und zugleich brennen viele darauf, mit Unterstützung des medizinisch-psychotherapeutisch-juristischen Komplexes, dem sie beim Geschlechtswechsel begegnen, die Ordnung wieder herzustellen. Sie tun das in einem Prozess, den Garfinkel (1967) »passing« nannte, und der für das Verständnis der sozialen Konstruktion des Geschlechts große Bedeutung hat, wie ich an drei Beispielen zeigen möchte.

1. Im Prozess des Übergangs konstituieren sich Transsexuelle in allen Alltagssituationen als *das eine* Geschlecht, das sie gerne sein möchten (Restaurierung der ersten beiden Postulate), indem sie willkürlich und bewusst steuernd Techniken anwenden, die gewährleisten, dass sie von anderen Personen dem gewünschten Geschlecht eindeutig zugerechnet werden. Dabei machen sie explizit das, was Nicht-Transsexuelle quasi-natürlich, unwillkürlich machen: »doing gender«, Geschlecht machen oder herstellen, Frau-Sein und Mann-Sein als Resultat ständiger Darstellungsleistungen. In seiner Passage zum anderen Geschlecht erlebt der Transsexuelle hautnah und plastisch die Allgegenwärtigkeit des Geschlechts, seine »Omnirelevanz«, die Stefan Hirschauer so umschreibt: »Ein geschlechtliches Inkognito ist in fast allen Interaktionen [...] intolerabel, wir unterliegen hier einem Ausweiszwang« (Hirschauer 2001, S. 215).

2. Die Konstanz ihres Geschlechtsempfindens begründen viele Transsexuelle durch die Konstruktion ihrer Biografie, in der die Evidenz ihrer seit Anfang an bestehenden Weiblichkeit bzw. Männlichkeit – »ich wurde als eine in einem männlichen Körper lebende Frau geboren« ist ein Satz, den man in vielen Variationen hört – betont und maximal plausibel gemacht wird (Restaurierung des dritten Postulats). Dadurch entstehen

oft überdeterminierte und stereotype Geschlechtsbiografien, in denen beispielsweise Frau-zu-Mann-Transsexuelle »immer schon« mit Jungen tobten, Kämpfen und Fußballspielen wollten, Puppen und Kochen hassten, Mädchen in der Kindheit »doof« fanden, sich in der Jugend aber früh in sie verliebten. Oder: Die Erinnerung an das Herumlaufen in den Pumps der Mutter im Alter von drei Jahren interpretiert die Mann-zu-Frau-Transsexuelle später als Beginn des *cross dressing* und als frühes Zeichen ihrer Weiblichkeit, der »normale« Mann hingegen als einen waghalsigen Akt des Stelzenlaufens und frühen Beleg seiner Männlichkeit. Die retrospektive Bearbeitung der Erinnerung im Sinne einer geschlechtskohärenten Biografie nehmen beide vor, bei Transsexuellen ist dies lediglich besser zu erkennen.

3. Die Einheit von körperlichem und seelischem Geschlecht (Restaurierung des vierten Postulats) wollen (viele) Transsexuelle durch die Angleichung des körperlichen Erscheinungsbildes an das Geschlechtsgefühl erreichen, und zwar durch medizinische Eingriffe (Hormonbehandlung, geschlechtsangleichende Operationen). Vagina und Penis haben, genau wie bei den Nicht-Transsexuellen, die Bedeutung prominenter Geschlechtsausweise; penil-vaginaler Geschlechtsverkehr dient nicht nur der sexuellen Befriedigung, sondern auch der Befriedigung des Geschlechtsgefühls, und ist symbolische Bestätigung und Aufführung von Männlichkeit bzw. Weiblichkeit. Das ist auch bei nicht-transsexuellen Männern und Frauen so; das Geschlechtstheater im sexuellen Akt ist für sie nur schwerer erkennbar, weil sie es für »natürlich« halten.

Die »klassische« transsexuelle Entwicklung bis hin zur körperlichen Geschlechtsangleichung affirmiert die alte bipolare Geschlechtsordnung und zeigt zugleich ihre Brüchigkeit. Doch die Transsexuellen, also diejenigen Geschlechtswechsler, die den medizinisch-psycho-therapeutisch-juristischen Komplex in Anspruch nehmen, sind nur ein Teil der »transgender community«, möglicherweise nicht einmal der größte. Die Erscheinungsformen des Geschlechterwechsels scheinen vielfältiger zu werden. Monika Treut zum Beispiel hat dies in ihrem eindrucksvollen Film *Gendernauts* aufgezeigt. Viele Mitglieder der »transgender community« wollen sich nicht mehr eindeutig als männlich oder weiblich einordnen, sie haben gemischte, doppelte, uneindeutige, periodisch wechselnde oder unstete Geschlechtscharakteristika; sie sind »gender bending«, »gender blending«, »gender zapping«, »gender swinging«, »non gender«, »ambi gender«, »pan gender«, »liquid gender« oder selbstverständlich auch noch transsexuell – und alle zusammen sind »gender queer«, quergeschlechtlich (Sigusch 2013, S. 250ff.). An dieser Stelle sind wir wieder bei Ulrichs Geschlechtervielfalt angekommen. Sie wird allerdings von den »gender queers« (manche Transsexuelle ausgenommen) nicht mehr biologisch gedacht wie bei Ulrichs; es gibt aber auch keinen antibiologischen Eifer: Die Ursachen – biologische wie psychische – sind auf eine sympathische Weise irrelevant geworden und in den Hintergrund gerückt.

119

10. Gibt es Heterosexualität?

»Dein Bild, Geliebter, tritt vor mich,
Und der entfloh'nen Tage Lust; doch bald weicht sie
Des Wiedersehens süßern Hoffnungen –
Schon malt sich mir der langersehnten, feurigen
Umarmung Szene; dann der Fragen, des geheimern
Des wechselseitigen Ausspähens Szene,
Was hier an Haltung, Ausdruck, Sinnesart am Freund
Sich seit der Zeit geändert, – der Gewissheit Wonne,
Des alten Bundes Treue fester, reifer noch zu finden [...].«

Man könnte in diesem Hymnus die Adresse einer Geliebten an ihren Liebsten sehen. Erführe man, dass Sänger und Besungener Männer sind, würde man wahrscheinlich eine schwule Geschichte ausmachen. Das ist interessant: Der heftige Affekt am Anfang der Zeilen würde als erotisch gedeutet, die Erotik dann sogleich als hetero- oder homosexuell kategorisiert. Genau das ist die Perspektive, unter der wir die sexuelle Welt ordnen. Die Zeilen schrieb im Jahr 1796 der junge Georg Wilhelm Friedrich Hegel (26) an seinen Freund und Tübinger Kommilitonen, den jungen Friedrich Hölderlin (26) (zit. nach Martens 2003, S. 51), und dieses Kapitel soll zeigen, warum wir uns nicht auf die Suche nach deren vermeintlich bisher unentdeckten Homosexualität machen müssen.

Die monosexuelle Ordnung

Eine modernere Szene: In einer Talkshow über *Schwule Väter* wurden vor längerer Zeit drei Männer vorgestellt, die mit ihren Ehefrauen und Kindern zusammengelebt hatten, bis sie in ihren 30ern allmählich oder plötzlich wussten – *wussten*, auf dieses Wort kommt es an –, dass sie homosexuell sind. Alle taten so – die befragten Männer, der Moderator, und, soweit es berichtet wurde, die Ehefrauen und Kinder – als ob die schwulen Väter bis zu ihrem Coming-out, dem »Ausbruch« der Homosexualität, im falschen Leben gelebt hätten, als ob sie schon immer *so*, nämlich homosexuell, gewesen seien und es nur nicht wussten, und dass sie nun bis ans Ende ihrer Tage schwul bleiben würden. Homosexuell – und vice versa heterosexuell – kann man heute offenbar nur lebenslang sein, und zwar *entweder* das eine *oder* das andere.

Warum kommt niemandem in den Sinn, dass diese Männer aus der Talkshow eine Zeit lang eine Frau liebten und eine Familie wollten, dann Männer begehrten, aber weiter für ihre Kinder sorgen wollten, und dass keiner weiß, auch sie selbst nicht, was mit ihrer Liebe morgen, übermorgen oder in zehn Jahren sein wird? Warum müssen wir ihnen und sie sich selbst (und wir *uns* selbst) eine lebenslange Diagnose verpassen? Weil wir unter dem machtvollen Vorurteil der *Mono*sexualität leben und, betrachtet man unser Verhalten und Fühlen, so tun, als sei Monosexualität, die *ein*geschlechtliche Ausrichtung, ein ehernes Gesetz: Fast alle Zeitgenossen, Männer wie Frauen, Homosexuelle wie Heterosexuelle, weit über 95% der Bevölkerung, sind in merkwürdiger Uniformität und allerschönster Unterschiedslosigkeit lebenslang und ausschließlich oder vorwiegend monosexuell, d.h. ihr Verlangen und ihre Liebe werden vom Geschlecht des Partners dominiert. Homosexualität und Heterosexualität »haben miteinander gemein, dass sie das Geschlecht zum beherrschenden Thema machen und alle konkurrierenden Erklärungen des sexuellen Verlangens in die zweite Reihe verweisen« (Simon 1996, S. 121).

Das Gebot der Monosexualität ist die Megaregel unserer sexuellen Ordnung; selbst das Gebot der Heterosexualität dieser nachgeordnet. Und: Schwule und Lesben, Heteros und Heteras sind Verschworene, Komplizen, Kollaborateure der monosexuellen Ordnung. Wenn ein Schwuler seinen Freunden erzählt, er habe lustvoll mit einer Frau geschlafen, oder ein Heteromann berichtet, er habe eine tolle Nacht mit einem Mann verbracht, dann herrscht im jeweiligen Umfeld dieser Männer Aufregung und Bestürzung. Man versichert ihnen zwar, dass man alles toleriere, aber sie müssten klarstellen, was sie sind, und wenn sie das nicht könnten, sollten sie besser einen Therapeuten konsultieren. Die monosexuelle Ordnung verankert den Ursprung der sexuellen Orientierung fest ins Innere des Individuums, in seine Biografie, seinen Charakter oder seine Biologie. Gesellschaftliche und historische Zusammenhänge sind nachgeordnet, wenn sie überhaupt vorkommen. Dies aber ist eine relativ neue Betrachtungsweise.

Michel Foucault (1977) hat als erster darauf hingewiesen, dass erst seit Ende des 18. Jahrhunderts aus der Sünde der Sodomie, also aus einem bestimmten Akt, den jeder und jede begehen konnte, allmählich ein besonderer Typus, eine besondere Art von Mensch wurde, ausgestattet mit besonderen Eigenschaften. Den »Urtext« zu diesem Wandel vom sodomitisch Verirrten zum Homosexuellen schrieb Karl Heinrich Ulrichs in den 60er Jahren des 19. Jahrhunderts. Ulrichs, selbst mannmännlich liebend, enthüllte die besondere Natur und den speziellen Charakter des »Urnings«, wie er den homosexuellen Mann nannte. Eine weibliche Seele, im männlichen Körper eingesperrt – so schilderte er den Homosexuellen (vgl. auch Kapitel 9). Seine pathetisch-romantischen, freiheitsdurstigen Pamphlete sind heute noch lesenswert und anrührend (Ulrichs 1864–1879/1994). Mediziner und Juristen seiner Zeit wurden mit ihren Abhandlungen zur Homosexualität bald zu Ulrichs Koautoren – *einerseits,* denn sie folgten seinem Diktum , dass Homosexualität und Heterosexualität tief in der Person verankerte, unveränderbare Eigenschaften sind; *andererseits* waren sie seine erbitterten Kontrahenten, weil sie den Homosexuellen als krank, degeneriert oder kriminell beschrieben (Bech 1997). Die weibliche Seele des »Urnings«, die Ulrichs als gesunde Variation der Natur sah, war für die Wissenschaftler Signum schwächlicher, weibischer und entarteter Männlichkeit.

Den negativen Festsetzungen homosexueller Eigenart durch Mediziner und Juristen setzten Homosexuelle also von Anfang an einen Diskurs entgegen, der homosexuelle »Identität« positiv bestimmte. »Gay pride« und seine Vorformen bei Ulrichs oder (etwas später) bei Hirschfeld entstanden in den Homosexuellenbewegungen als Gegenentwurf zu gesellschaftlicher Diskriminierung. Das schuf zweifellos Freiheit und Selbstbewusstsein; zugleich aber entstanden homosexuelle und heterosexuelle Identität als reziproke Verrücktheiten, wie John DeCecco einmal spottete.

Verlust binnengeschlechtlicher Intimität

Der Prozess der Schaffung einer homosexuellen bzw. heterosexuellen Identität oder Selbstgewissheit ritualisierte und verfestigte sowohl die Hetero- als auch die Homosexualität bis zu ihrer Erstarrung. Dieser Prozess erstreckt sich über die letzten 150 Jahre und wurde in den letzten 40 Jahren zunächst noch einmal akzentuiert – scheinbar paradoxerweise auch durch das selbstbewusste und öffentliche Auftreten der Schwulen- und Lesbenbewegung. Am Verhalten Jugendlicher lässt sich dies ablesen. Hatten bis in die 1970er noch etwa 20% der 18-jährigen Gymnasiasten sexuelle Erfahrungen mit einem anderen Jungen gemacht, so sind es seit den 1990ern nur noch etwa 5% (Abbildung 13). In einer Studie mit Jugendlichen aller Schultypen beobachteten wir ebenfalls das Verschwinden dessen, was die älteren Sexualforscher einmal die »passagere Homosexualität heterosexueller Jünglinge« genannt hatten (Schmidt 1993, S. 27).

Eine Ursache hierfür ist einfach auszumachen: Durch die Allgegenwart der Kategorien »homosexuell« bzw. »heterosexuell« etikettieren Jugendliche heute gleichgeschlechtliche Erlebnisse sehr schnell als »schwul«. Aus harmloser, unschuldiger Freude und Lust am gegenseitigen Onanieren ist ein schwuler Akt geworden – er gerät unter

Verdacht. In den 1950er Jahren lasen meine Klassenkameraden und ich, Schüler eines »reinen« Jungengymnasiums, Thomas Manns *Tonio Kröger*, ohne etwas Arges, eine sexuelle Besonderheit oder eine homosexuelle Entwicklung in der Zuneigung Tonios zu Hans Hansen zu erkennen. *Heute* machen Gymnasiasten vermutlich schon nach wenigen Seiten eine »schwule Kiste« zwischen Tonio und Hans aus. Waren wir damals naiver, unaufgeklärter? Zweifellos. Mussten wir, noch einigermaßen geschlechtsgetrennt, *homosozial* auf-

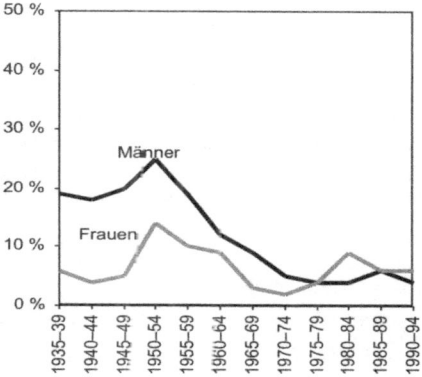

Abb. 13: Vorkommen gleichgeschlechtlicher sexueller Erfahrungen im Jugendalter (nach Geburtsjahr) (Projekt »Studentische Sexualität im Wandel 1966–2012«, Institut für Sexualforschung und forensische Psychiatrie der Universität Hamburg, 2012; vgl. auch Schmidt 2004)

wachsend, die gefährliche Homosexualität in der Geschichte verdrängen? Möglich. Oder waren wir einfach in unserer Wahrnehmung kategorien- und definitionsfreier und somit noch verschont von heute unausweichlichen Schablonen? Das ist sicher der Fall.

Die Auflösung homosozialer Strukturen in Kindheit und Jugend – Jungen und Mädchen wachsen immer seltener und weniger in getrennten sozialen Räumen auf – führt zu einem Verlust binnengeschlechtlicher Intimität. In einer homosozial strukturierten Welt gibt es besonders enge und besonders gefühlsbetonte Kontakte zwischen Gleichgeschlechtlichen, die auch sexuelle Erlebnisse einschließen *können*. Hegels Zeilen an Hölderlin, die ich oben zitierte, sind ein Beispiel dafür, ein anderes die folgende Tagebucheintragung eines wilhelminischen Jungen (um 1910):

»Arm in Arm ging ich mit Hans nach Hause. In uns sang es und wogte es, und als wir in unserem dunklen Flur standen und unsere Sachen angehängt hatten, da lehnte er sich an die Wand und nahm meinen Kopf zwischen seine Hände und sah mich lange an und endlich küsste er mich. -- Dann aßen wir, er sang, und ich brachte ihn zur Bahn und rannte dann im Dauerlauf nach Haus, um mein Glück auszutoben« (zit. nach Geuter 1994, S. 125).

Alles klar, werden wir heute sagen, schwule Jungen vor ihrem »Coming-out«. Sie sollten sich damit beeilen, denn ein frühes »Coming-out« ist ein gutes »Coming-out«. Die beiden jugendbewegten Heranwachsenden im ausgehenden Kaiserreich sahen es vermutlich anders: Sie liebten sich, waren zärtlich, vielleicht auch sexuell miteinander; aber ihnen war klar, dass sie sich einmal in Frauen verlieben, eine Frau heiraten und mit ihr Kinder haben würden; auf die Idee, homosexuell zu sein, kamen sie nicht. Ihre gleichgeschlechtliche Sexualität, wenn sie sie denn praktizieren, ist kein Ersatz für verbotenen Sex mit Mädchen; zu einer so einfachen Schlussfolgerung führt uns nur das Denken in dieser langweiligen Polarität – es war etwas eigenes, jenseits unserer Schubladen. Und die homosoziale Welt ist auch keineswegs eine latent schwule Welt, wie Psychoanalytiker und psychoanalytisch Inspirierte gerne behaupten; auch eine solche Aussage zeigt nur die Gefangenheit in der von uns selbst geschaffenen Zweiteilung der sexuellen Welt. Es ist andersherum: In einer homosozialen Welt führt die binnengeschlechtliche Intimität gelegentlich auch zum gleichgeschlechtlichen Sex. Erst ist das Soziale, dann das Sexuelle.

Die vielfältigen und reichen Erscheinungsformen frau-fraulicher Liebe in Zeiten homosozialer Strukturen hat Lillian Faderman in ihrem Buch *Surpassing the Love of Men* (etwa: »Schöner als die Liebe zu Männern«) für bürgerliche Frauen des 19. Jahrhunderts eindrücklich beschrieben (Faderman 1981). Vor der Ehe, neben der Ehe und nicht zuletzt anstelle der Ehe hatten viele Frauen intime, zärtliche, intensive, oft auch dauerhafte Liebesbeziehungen mit einer anderen Frau. Diese

Beziehungen waren gesellschaftlich akzeptiert – nicht zuletzt im Schutze der allgemeinen Asexualitäts-Vermutung, zwei Frauen könnten alleine, ohne das »männliche Instrument«, gar nichts Böses tun. Ob diese Beziehungen auch in unserem Sinne sexuell (genital) waren, ist unbekannt. Vielleicht waren einige sexuell, oder sie waren anders sexuell, in jedem Fall waren sie affektiv-leidenschaftlich. Die Welten der Geschlechter waren damals so verschieden, Männer und Frauen sich so fremd, dass es für viele einfacher war, Sehnsucht und Nähe, Vertrautheit und Liebe beim gleichen Geschlecht, unter verwandten Seelen zu finden. Dass Frauen, die solche Beziehungen anstatt einer Ehe hatten, auch den strengen Rollenvorschriften für die verheiratete Frau entkamen, machte diese Lebensform für selbstbewusste, nach Selbstverwirklichung strebende, unkonventionelle Frauen besonders anziehend. Erst am Ende des 19. Jahrhunderts, als die Figur der lesbischen Frau geschaffen war, gerieten solche Beziehungen unter Verdacht und wurden suspekt.

Exkurs: Homosozialität, Homosexualität und Nationalsozialismus

Homosoziale Verhältnisse sind gleichgeschlechtlichen Leidenschaften keineswegs generell förderlich. In einem Exkurs über die Lage Homosexueller im Nationalsozialismus will ich daran erinnern (vgl. u. a. Grau 2011). Das Nazi-Regime war homosozial, genauer: männerbündlerisch, organisiert (SS, SA, Wehrmacht, HJ) und bis ins Mark heteronormativ strukturiert. Diese Kombination – männerbündlerisch und heteronormativ – geht immer einher mit massiven homopanischen kollektiven Affekten, die den gesamten Repressionsapparat mobilisieren – und mit einem Desinteresse an der weiblichen Homosexualität. Besonders gefürchtet wird eine Zersetzung der Männerbünde durch sexualisierte mann-männliche Intimität. In einer Geheimrede im Februar 1937 vor SS-Gruppenführern beschwor deren Chef Heinrich Himmler diese Gefahr und befahl ein unerbittliches Vorgehen gegen Homosexualität und homosexuelle Vorfälle, damit »ich diese Art von Menschen aus der SS auch bis zum letzten herausbekomme« (zit. nach Grau 2011, S. 271). SS-Männer, die gleichgeschlechtlich verkehren, sollten öffentlich degradiert und den Gerichten übergeben, nach Verbüßung der Haftstrafe in ein KZ überstellt und dort »auf der Flucht« erschossen werden. In einem Führer-Erlass »Reinhaltung von SS und Polizei« vom November 1941 verfügte Hitler, dass mann-männlicher Sex von Angehörigen dieser Organisationen nicht mehr gemäß § 175 vor zivilen Gerichten, sondern vor SS-Gerichten verhandelt werden soll, und im Regelfall mit dem Tode zu bestrafen ist. Auch die von Hitler befohlene, machtpolitisch motivierte Ermordung des SA-Führers Ernst Röhm am 1. Juli 1934, der seine Homosexualität nicht verhehlte, stellte Hitler in einer Reichtagsrede als Abwehr eines Putsches einer homosexuellen Clique und als Reinigung des Männerbundes SA von Verschwörern »gegen die normalen Auffassungen eines gesunden Volkes« (ebd., S. 214) dar. Gerüchte und Gerede, dass viele führende Nationalsozialisten homosexuell seien, sollten damit widerlegt werden. Solche Gerüchte, die offensichtlich auf einer Vermischung der Kategorien »homosozial« und »homosexuell« beruhen, wurden schon in der Weimarer Republik in die Welt gesetzt (zumeist von linken Politikern, Medien und Wissenschaftlern) und geistern bis heute durch die Welt.

In männerbündlerischen Gesellschaften liegt eine psychosoziale Auffassung männlicher Homosexualität nahe: Man weiß (und befürchtet), dass mann-männliche Nähe (und Hierarchien) sich durchaus sexuell artikulieren können, natürlich auch bei Männern, die gar nicht homosexuell orientiert sind. Trotz der großen Nähe der Nationalsozialisten zur Genetik und »Erbhygiene« sahen sie und die Wissenschaftler, auf die sie sich beriefen und die ihnen nahe standen (z. B. der Psychiater Hans Bürger-Prinz oder die »arischen« Psychoanalytiker und Psychotherapeuten des »Deutschen Instituts für psychologische Forschung und Psychotherapie«) männliche Homosexualität nicht als Veranlagung, sondern als Folge einer fehlgeleiteten, aber korrigierbaren sexuellen Entwicklung, als eine unvollendet gebliebene männliche Entwicklung. Nur eine kleine Gruppe der gleichgeschlechtlich aktiven Männer, die sogenannten »Hangtäter«, galt als kernhomosexuell und als nicht umpolbar.

Dieser Auffassung folgte die Repressionspolitik des Nazi-Regimes gegenüber den Homosexuellen: So viele wie möglich sollten »gerettet«, die »Unheilbaren« dagegen unschädlich gemacht werden. Vorbeugen, heilen, internieren, vernichten war auch gegenüber der männlichen Homosexualität die Agenda nationalsozialistischer »Gesundheitspolitik«. Vorbeugen wollte man durch Abschreckung (Verschärfung des §175 im Jahr 1935) und Zerstörung der schwulen Subkultur. Heilen sollten strenge Erziehungsmaßnahmen, psychoanalytisch fundierte Psychotherapie, experimentelle Hormontherapien (Implantate mit Testosteron), »freiwillige« Kastration (mit der Aussicht, der Internierung im KZ zu entgehen). »Hang-« und Wiederholungstäter wurden im Sinne vorbeugender Verbrechensbekämpfung in Konzentrationslagern interniert. Aufgrund vorliegender Studien schätzt Grau (2011, S. 317), dass etwa 6.000 homosexuelle Männer in Konzentrationslager gebracht wurden und dass mehr als die Hälfte von ihnen in den Lagern umkamen oder umgebracht wurden. Die weibliche Homosexualität galt den Nationalsozialisten als weniger gefährlich und staatszersetzend als die männliche. Das NS-Regime behielt die Straffreiheit lesbischer Sexualität bei. Kollektive lesbische Lebensformen wurden aber ebenso zerstört wie die Subkulturen der Schwulen.

Heterosexualisten und Homosexualisten – for ever?

Wir hatten gesehen: Erst mit der Schaffung der »Identität«, des Typus, konnte man *richtige* Homosexuelle und Heterosexuelle hervorbringen, Heterosexuelle und Homosexuelle säuberlich trennen. Es wäre vermutlich zu einfach, wollte man die Entstehung der heterosexuellen Identität nur als Reaktion auf die schwule Identität verstehen, als komplementär in dem Sinne, dass wenn man nicht schwul sein will, sich heterosexuell begreifen muss. Wahrscheinlich machte die Abschleifung des sozialen Geschlechts die sexuelle Partnerwahl, das Verlangen nach der Frau, für das es nun einen Namen gab, zum Zeichen von Männlichkeit, zum Stempel männlicher Selbstgewissheit (vgl. Kapitel 8).

So entstanden Zwangsheterosexualität bzw. Zwangshomosexualität in der jetzigen krassen Form und Heterosexualisten bzw. Homosexualisten, die sich stur einer sexuellen Orientierung zuordnen und dies für die – im Wortsinn – *natürlichste* Sache der Welt halten. Beiden behagen biologische Theorien über die Entstehung von Homo- und Heterosexualität. Die Suche nach der biologischen Essenz und der Furor, mit dem sie immer wieder betrieben wird, soll die alten Verhältnisse festzimmern; sie wirkt wie eine Beschwörung der monosexuellen Ordnung, dass es Homo- und Heterosexualität und (selten) Bisexualität doch tatsächlich gibt. Übrigens, » bisexuell « als Restkategorie – weder eindeutig homosexuell noch eindeutig heterosexuell – setzt Homosexualität und Heterosexualität voraus, sie besteht nur solange, wie wir in den Kategorien » homosexuell « und » heterosexuell « denken und setzt dem polaren Denken somit kein Ende.

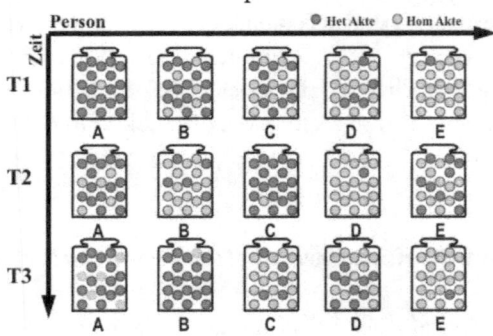

Abb. 14: Glasperlenspiele. Intra- und interindividuelle Fluktuationen hetero- und homosexueller Erfahrungen (nach Kinsey, s. Text)

Alfred Kinsey, der US-amerikanische Sexualforscher, hat schon in der Mitte des letzten Jahrhunderts gegen die monosexuelle Doktrin polemisiert und Konzepte wie » sexuelle Orientierung « oder » sexuelle Identität « abgelehnt (Schmidt

2009b). Für ihn gab es, scheinbar vormodern, nur homosexuelle oder heterosexuelle Akte (wobei er Fantasien zu den Akten zählte). Menschen unterscheiden sich voneinander – *interindividuell* – durch das Mischungsverhältnis beider Aktformen, sie haben mehr oder weniger

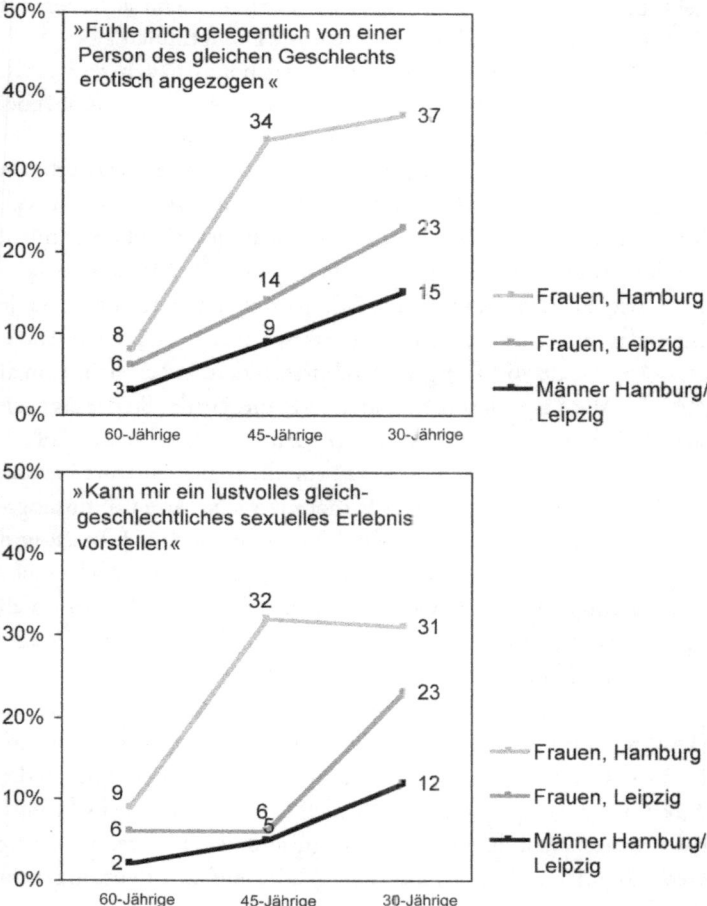

Abb. 15: Gleichgeschlechtliche sexuelle Attraktion bei heterosexuellen Männer und Frauen

von dem einen oder dem anderen; und das Mischungsverhältnis variiert bei uns allen *intravindividuell* über die Zeit, unsere Position auf dem hetero- homosexuellen Kontinuum ändert sich und schwankt. Kinseys Position, die Abbildung 14 veranschaulichen soll, war eine frühe Form der Queer-Theorie, und zwar eine naturalistische, denn sie basiert auf dem Axiom, dass es in der »Natur« keine Dichotomien gibt.

In der Tat könnten die starren Kategorien homo- bzw. heterosexuell ins Wanken kommen. Es gibt bei jüngeren Männern, vor allem aber bei jüngeren *Frauen* durchaus Anzeichen einer Lockerung monosexueller Beharrlichkeit – *zumindest im Kopf.* In unserer Interviewstudie an Hamburger/-innen und Leipziger/-innen dreier Generationen (vgl. Kapitel 2) sagen jeweils ein Drittel der 30-jährigen Hamburgerinnen, die sich als heterosexuell bezeichnen, dass sie sich durchaus ein lustvolles sexuelles Erlebnis mit eine Frau vorstellen können und dass sie zumindest hin und wieder eine Frau erotisch anziehend finden (Abbildung 15); bei den 60-jährigen Hamburgerinnen sind es nicht einmal 10%. Für die Leipzigerinnen und die Männer beider Städte ergeben sich ähnliche Generationstrends, aber auf niedrigerem Niveau. Frauen sind durchweg flexibler als Männer, vor allem junge urbane Frauen. Bei den meisten Befragten aber Verharren solche zarten Auflösungserscheinungen heterosexueller Verschlossenheit noch in Fantasie und Kognition – sie denken dran, sie machen es aber nicht. Doch es gibt eine zunehmende Anzahl von Frauen, die sich lange als heterosexuell definierten und dann Liebesbeziehungen und Partnerschaften mit Frauen eingehen. Es sind immerhin so viele, dass es schon einen Namen dafür gibt: sequenzielle Hetero- und Homosexualität von Frauen (Düring 1993). Viele dieser Frauen machen weniger Aufhebens um die Etiketten »homosexuell – heterosexuell« als die Männer in der Talkshow; die Frage nach der Selbstdefinition oder der Selbstkategorisierung erscheint ihnen oft zweitrangig und sie verschwenden wenig Gedanken daran. Die monosexuelle Verbissenheit ist vorrangig ein Problem von Männern, heterosexuellen wie homosexuellen.

Mein Fazit: Man kann davon ausgehen, dass Homosexuelle gemeinhin das Ausmaß ihrer Homosexualität und Heterosexuelle das Ausmaß ihrer Heterosexualität überschätzen. Insofern produzieren Konzepte wie »sexuelle Orientierung« oder »sexuelle Identität« Sexualitäten »eingelassen in Stahl und Beton«. Der ungarische Schriftsteller Péter Nádas zeigt sich in seinem Essay *Von der himmlischen und von der irdischen Liebe* recht ungehalten über diesen Zustand und formuliert die Utopie einer Sexualität jenseits starrer Orientierungen, also einer vom Geschlecht befreiten, geschlechtsjenseitigen, geschlechtsoffenen Liebe (Nádas 1994, S. 195 und 190). Er will sich nicht einreden lassen, »dass ich die Augen noch so sehr aufreißen kann, und doch nur Frauen und Männer sehe«:

> »Solches Denken kann nicht anders, als sich an die aller offenkundigsten physischen Gegebenheiten zu halten und Normen für die Liebeslust und Liebeshandlung an den Sexus, das Geschlecht zu binden. Für die menschliche Gattung als ganzes gesehen sind die Folgen verheerend. Denn wenn ich Normen für Liebeslust und Liebesakt an die sich im Sexus manifestierenden Gegebenheiten binde, dann habe ich darauf verzichtet, von der Seele überhaupt erst zu sprechen« (ebd.).

Weniger streng sieht es Jeffrey Weeks (2004). Da die Kategorien »heterosexuell« und »homosexuell« »Erfindungen unseres Kopfes« sind und wir »weg-erfinden« können, was wir einmal erfunden haben, seien plurisexuelle Welten durchaus vorstellbar. Wichtiger aber sei, »dass wir uns darum nicht so viele Sorgen machen. Wir müssen nicht damit hadern, dass es diese Kategorien gibt, und wir sollten nicht damit hadern, wenn sie irgendwann einmal verschwinden« (ebd., S. 65f.) – in Vergessenheit geraten.

133

11. Aus der Zauber? Ein Resümee

Als ich in das Alter kam, in dem man sich für Präservative interessiert, verschwanden die klapprigen und rostigen Automaten mit der Aufschrift »Männer, schützt Eure (!) Gesundheit« gerade aus den Pissoirs der Republik. Man wollte lieber die Moral der Jugendlichen schützen als ihre Gesundheit. Das war *meine* Begegnung mit der sexuellen Restauration der Adenauer-Ära in den 1950ern.

Sexuelle Restauration: die 1950er

Andere traf es härter, zum Beispiel schwule Männer: 1949 wurde *nicht* der §175 der Weimarer Republik ins Strafgesetzbuch der BRD übernommen, geschweige denn der Paragraf aufgehoben, sondern ohne Scham der 1935 von den Nationalsozialisten verschärfte Paragraf rechtstaatlich legitimiert, obwohl die Alliierten alle nationalsozialistischen Strafgesetzänderungen kassiert hatten. Und die Rechtspraxis folgte nun wieder dieser Gesinnung (vgl. Schiefelbein 1992).

Und zum Beispiel Frauen: Eine Familienpolitik, die die kleine Familie, vor allem bei den »besseren« Leuten, restaurieren wollte, erklärte die Erwerbstätigkeit der verheirateten Frau, Kindergärten und Schulhorte zu einem abstoßenden Spezifikum der »kommunistischen« DDR und des Bolschewismus. Hausfrauen- und Mutterrolle wurden systematisch gefördert – ideologisch, finanziell und durch das Austrocknen der Möglichkeiten, Kindererziehung und Arbeit zu verbinden (Haensch 1969). Ehen sollten mit Staatsgewalt verlängert werden, Scheidungen wurde erschwert; sie waren gegen den Widerspruch eines Partners nun nicht mehr möglich, auch nicht bei amtlich festgestellter Zerrüttung.

Die offizielle Moral von Kirchen und Staat trennte schon damals Abgründe von dem, was Männer und Frauen dachten und machten. Nach der ersten »Umfrage in der Intimsphäre«, 1949 im Gründungsjahr der Republik von Allensbach erhoben, gingen bereits damals 90% der Männer und 72% der Frauen nicht mehr jungmännlich oder -fräulich in die Ehe; 85% der unter 30-Jährigen befürworteten ausdrücklich »intime Beziehungen zwischen unverheirateten Menschen« (Friedeburg 1953). Es war ein liberaler Vormärz, denn vermutlich wurden die Einstellungen in den 1950ern noch einmal kurzfristig muffiger, eine Wiederholung der Allensbacher Befragung Anfang der 1960er Jahre deutet jedenfalls darauf hin (vgl. *Stern* 1963, Nr. 45–50).

Trotz manch aufmüpfiger Gesinnung und unerwünschten Tuns – die damalige Ahnungslosigkeit in Sexualfragen ist heute unvorstellbar. »Camelia gibt allen Frauen Sicherheit und Selbstvertrauen« – stundenlang habe ich als Junge über diesen Satz gegrübelt und konnte sein Geheimnis nicht ergründen; Mädchen wurden massenhaft von ihrer Regel überfallen und standen entsetzt im Blutbad; Abiturienten diskutierten allen Ernstes, ob ein Taschentuch, Sackleinen, um den Penis geschlungen, nicht so nützlich sein könnte wie ein Kondom, dessen Erwerb in der Drogerie Jüngling wie Verkäuferin bodenlos peinlich war. Desinformation, Verdummung sexuelle Behinderung waren einerseits massiv; das Abschieben der Sexualität in den Untergrund aber hatte auch etwas, ereignislos und bleiern waren die Zeiten keineswegs: Kindliche Sexualspiele, bei denen man sich nicht erwischen lassen darf, sind atemberaubender als sexualpädagogisch vor- und nachbereitete Doktorspiele unter den wohlwollenden Blicken der Eltern; Masturbation zwischen Verlangen, Angst, Schuld und Triumph über Verbote aufwühlender als die auf- und abgeklärte Nutzung einer Lustmöglichkeit des Körpers, deren man sich bedient oder nicht. Alle Klischees über die 1950er sind richtig: der Sex auf dem Rücksitz des

Käfers oder im Wald und auf der Heide, und wenn es schneite, eben im Schnee. Selbst wenn sie's gedurft hätten: Ins »Kinderzimmer« der elterlichen Wohnung mit Kaffee trinkenden Eltern in der Küche nebenan, wie heute üblich (Schmidt 1993, S. 1), wären sie mit ihrer Liebsten oder ihrem Liebsten damals nicht gezogen. Rebellion, Abgrenzung von der Erwachsenenwelt und auch die Verachtung für deren verknöcherte Scheinheiligkeit waren Stachel der Lust.

1968 und einige Folgen

Am Vorabend der Studentenbewegung war der Widerspruch zwischen der offiziellen Moral einerseits und der sexuellen Realität und Moral junger Erwachsener andererseits ins Groteske gewachsen und nicht mehr auszuhalten (Giese/Schmidt 1968, Kap. 13). Die 1968er machten – neben vielem anderen – die sexuelle Heuchelei öffentlich und fegten sie beiseite. Eine sexualpolitische und -moralische Erschütterung ging durch *alle* westlichen Industriegesellschaften, und doch gab es deutsche Eigentümlichkeiten. Die Wohlanständigkeit der Eltern war in den Augen der Studentinnen und Studenten die Wohlanständigkeit von Mittätern und Mitläufern der Nazis, die über Sexualmoral tönten, um nicht über Kriegsschuld und Völkermord reden zu müssen. Ihre Fassade war besonders fadenscheinig (vgl. Herzog 2005).

Deshalb faszinierte sie Wilhelm Reich viel stärker als ihre US-amerikanischen oder europäischen Kommilitonen. Sie hatten auch das Glück, Raubdruck sei dank, Reich im Original lesen zu können und waren nicht auf seine verworrenen und verqueren, im US-amerikanischen Exil entstandenen Revisionen angewiesen. Reichs *Massenpsychologie des Faschismus* (1933) wurde so atemlos gelesen wie seine sexualpolitischen Werke aus den 1930er Jahren (Reich 1932). In seinem Werk verband sich das Nachdenken über bürgerliche Kleinfamilie, autoritären Charakter und Faschismus mit dem Nachdenken über sexuelle Unterdrückung und Befreiung. Die Botschaft war verlockend einfach: Sexualunterdrückung führt zum Bösen, bis hin zum Faschismus; Sexualbefreiung erlöst vom Übel, von Aggression, sexuellen Verirrungen und der Lust an der Unterwerfung. Diese Mystifizierung der Sexualität teilten die Studenten mit ihren konservativen Widersachern: Letztere sahen in der Befreiung den Untergang des Abendlandes und beteten 1970 vor dem Bayerischen Kultusministerium in München gegen die Einführung der Sexualpädagogik an den Schulen; erstere erhofften von der sexuellen Befreiung die Geburt des neuen Menschen und »beteten« auf ihren Demonstrationen für die Einführung nicht-repressiver Sexualerziehung von der ersten Klasse an. Und beide glaubten einträchtig und inbrünstig an die transformative Kraft des Sexuellen.

Was die Studentinnen und Studenten taten, war dabei ganz weltlich. Sie rissen Mauern ein, doch sie schleiften eine Burg, die nur noch Ruine war und störte: Die Burg »frühkapitalistische Prüderie und Triebverzicht«, genauer Konsumverzicht. Sie fegten Verbote beiseite, die in der entwickelten Marktwirtschaft längst dysfunktional geworden waren, und betrieben damit ein Stück bürgerlicher oder auch kapitalistischer Modernisierung. Objektiv waren die 1968er systemkonformer als ihre Väter, die sich als Bewahrer und ihre Töchter und Söhne als Zerstörer des Sytems begriffen, denn sie, die rebellischen Studentinnen und Studenten, initiierten systemsichernde Reformen. Sie begriffen das allerdings schnell und folgten nun eher Herbert Marcuse, der in seinem Werk *Triebstruktur und Gesellschaft* wohl als Erster beschrieben hatte, wie *freigegebene Sexualität* – die orgastische Potenz Reichs hin und her – vereinnahmt und als Mittel gesellschaftlicher Kontrolle und kapitalistischer Effizienz genutzt werden kann (Marcuse 1967).

Doch die sexuelle Modernisierung der späten 1960er und 1970er Jahre, die bei aller Begrenzung und »Systemimmanenz« Ketten sprengte, war nicht nur eine Sache der Studentinnen und Studenten. Sie war schicht-, generations- und vorliebenübergreifend. Jede Gruppe hatte ihre Agenten: Schülerinnen und Schüler, Studentinnen und Studenten hatten Günter Amendt und seine »Sexfront«, für mich der schönste, frechste und unverklemmteste Beitrag der 1968er zur sexuellen Frage (Amendt 1970); bürgerliche Erwachsene hatten Oswald Kolle; untere Ausbildungsschichten Beate Uhse – und Schwule Rosa von Praunheim, der mit seinem Film *Nicht der Homosexuelle ist pervers, sondern die Situation in der er lebt* (1971) die zweite Schwulenbewegung zündete, und Martin Dannecker und Reimut Reiche, die den »gewöhnlichen Homosexuellen« beschrieben (Dannecker/Reiche 1974). Kolle und Uhse werden in ihrer Bedeutung gleichermaßen unterschätzt: Kolle versuchte behutsam, Paaren das Sprechen über Sexualität nahezubringen, und zwar solchen, denen die Studentenbewegung fremd und unheimlich blieb; Uhse besorgte die Kontrazeption in der Republik mit Macht und Umsicht, bis hin zur Entwicklung einer kostensparenden Trockenvorrichtung für ausgewaschene, wiederverwendbare Präservative.

Bis Mitte der 1970er war der Prozess der Liberalsierung im Großen und Ganzen abgeschlossen. Gymnasiasten, Jungen wie Mädchen, hatten innerhalb nur eines Jahrzehnts das Alter beim ersten Geschlechtsverkehr um vier Jahre vorverlegt (Sigusch/Schmidt 1973, S. 68–76). Die »Pille«, die in den 1960ern auf den Markt kam, trug zu dieser Entwicklung bei. Doch ihr Einfluss sollte nicht überschätzt werden, denn nur jedes fünfte Mädchen verhütete in den 1970ern beim ersten Verkehr mit der Pille. Die Liberalisierung war kein pharmakologisches Ereignis.

Aus den Experimenten der Berliner Kommunen 1 und 2 entwickelte sich eine neue, solide Lebensform Jugendlicher und junger Erwachsener (vgl. Kommune 2, 1969): die WG, in der heute gut 30% der Studentinnen und Studenten wohnen. In meiner Generation hatten die meisten nun ihr Coming-out als schwul oder lesbisch gehabt oder sich aus ihrer Ehe verabschiedet, die in der Regel gar nicht zerrüttet war. Das Beziehungsparadigma wurde gewechselt: Es folgte nun, wie Zygmunt Bauman zufolge das Leben überhaupt (Bauman 1998), dem Prinzip der Fitness, nicht mehr dem Prinzip der Gesundheit. Bis dahin galt eine Beziehung als gut, solange sie nicht schlecht war; Langeweile und begrenzter Austausch, sexuell und emotional, galten nicht als »ungesund«. Nun aber fragten Mann und Frau sich, ob es nicht höher und weiter ginge, ob nicht irgendwo mehr Abenteuer, mehr Nähe, mehr Intimität, mehr Aufregung, mehr Auseinandersetzung warteten. Lust und der Drang sich umzusehen, nicht zu rosten, wurden größer. Aus dem Paar, das ehemals durch Institutionen, basale Aufgaben und rollenbedingte wechselseitige Abhängigkeiten zusammengehalten wurde, wurde ein rekreatives und Erlebnisteam. Beziehungen wurden »pur« (Giddens 1993), d. h. ihnen fehlen äußere Anker, und sie bestehen in der Regel nur, solange sie für beide ein befriedigendes Maß an Intimität und Sich-Wohlfühlen gewähren (vgl. Kapitel 2). Serielle Monogamie wurde zur gängigen Verkehrsform. Zwischen den Monogamien ist man single, sexuell eher frustriert und wartet auf den Nächsten oder die Nächste.

Entmystifizierung

Ende der 1970er Jahre begann sich der Blues über Liebeslandschaften zu legen. Sex und Beziehungen hatten sich geändert, aber die hohen Erwartungen nicht erfüllt; das Glück – politisch wie privat – wollte sich nicht einstellen. Der Abgesang auf die »sexuelle Revolution« wurde am schönsten in den von Volkmar Sigusch und Hermann Gremliza herausgegebenen Heften *Sexualität konkret* (1979–1986; vgl. auch die Sammelbände von 1980 und 1984) intoniert. »Erotik ist nur noch Alleinsein«, hieß es dort, und Bob Dylan nuschelte im Hintergrund. Tieftraurig begann ein wichtiger Prozess: Die Entmystifizierung der Sexualität von ihrer Überfrachtung.

Doch vorher gab es noch etwas anderes zu erledigen und das nahmen die Frauen in die Hand: Die Zivilisierung des durch die Liberalisierung deregulierten freien Liebesmarktes und die Gleichberechtigung von Männern und Frauen auf diesem Markt. Feministinnen setzten auf den liberalen Diskurs der 1960er und 1970er Jahre den Selbstbestimmungsdiskurs der späten 1970er und 1980er. Sie thematisierten sexuelle Herrschaft und Gewalt von Männern und eröffneten ein Thema nach dem anderen: Vergewaltigung, Prostitution, Kindesmissbrauch, Pornografie, sexuelle Belästigung und – allen voran Alice Schwarzer mit ihrem *Der kleine Unterschied und seine großen Folgen* (1975) – Machtausübung und -demonstration in der alltäglichen und herkömmlichen Heterosexualität.

In der Umgestaltung der Heterosexualität war der Feminismus schließlich ein überaus erfolgreiches Projekt. Die Gewaltdebatten brachten einen Sensibilisierungsschub bei Frauen, aber auch bei Männern, gegenüber Zwang und Herrschaftsausübung in der Sexualität hervor – und einen neuen Sexualcode, der die alten Verbote nicht wiederbeleben, sondern den sexuellen Umgang ziviler machen wollte. Das Ergebnis war die Verhandlungsmoral (vgl. Kapitel 1). Auch Kondome und *safe sex* können ausgehandelt werden und so wurde Verhandlungsmoral zu einem wichtigen Faktor der Vorbeugung von HIV – Infektionen und AIDS – und trug dazu bei, dass nach anfänglichen Irritationen, Ängsten und katastrophistischen Übertreibungen (Schmidt 1988b) Mitte der 1980er Jahre die Bedrohung allmählich realistisch wahrgenommen werden konnte und das Sexualverhalten (heterosexueller) Männer und Frauen hierzulande – abgesehen von der Rehabilitation des Kondoms – nur wenig beeinflusste.

Wir sind dabei, den Mythos von Verdammung oder Erlösung durch Sexualität, dem wie gesagt auch die Studentenbewegung anhing, aufzulösen. Kein »Trieb« treibt uns mehr zum Sex, sondern die Suche nach Reizen, Vergnügungen und *thrills* verlockt uns; nicht Befriedigung im Sinne von Ruhe oder Bedürfnislosigkeit ist das Ziel, sondern das Spiel mit der Ressource Sex, das Spiel mit Erregungen und das Sammeln von Empfindungen (vgl. Kapitel 3). »Pragmatisch« und »folgenabgeschätzt« ist der heutige Umgang mit Sexualität; sie wird als ein Bereich der Planbarkeit und Kommunikation konzipiert. Das schwarz-romantische bürgerliche Drama der Sexualität – Sex als letzter Hort unverstellter menschlicher Natur, als schicksalhafte Kraft, tabusprengend und zerstörerisch, teuflisch verlockend und höllisch gefährlich – wird zunehmend zu einer nostalgischen Reminiszenz. »Just fun, no drama«, heißt es in Kontaktanzeigen; »ein bisschen Rauchen, ein bisschen Trinken, ein bisschen Sex« antwortet eine junge

Teilnehmerin auf der Berliner *Loveparade* auf die Frage, was sie vom Spektakel erwarte; »gehen wir ins Bett oder ins Kino?«, erwägt ein junges Paar und täte beides gleich gerne; »Sex ist so schön wie Skifahren, und das will was heißen« antwortet ein Student auf die Frage, was ihm Sexualität bedeute. Oberflächlich und ein wenig banal, könnte man nörgeln. Aber es ist entmystifizierter, entdramatisierter Sex. Entdramatisierung geht einher mit der Option, über seine Sexualität zu verfügen, sie auf die Tagesordnung zu setzen und wieder herunter zu nehmen, ihre Kosten und Gewinne pragmatisch und effektiv zu kalkulieren. Das designte Verlangen ist die Metapher, die an die Stelle der alten Metapher des mächtigen, irrationalen Triebes tritt. Und so scheint es, als hätten wir die Sexualität zu Beginn des Jahrtausends gründlich entrümpelt: von religiösen Vorschriften, vom Patriarchat (fast) und von der schwarzen Romantik des Bürgertums. Das ist nicht wenig für 50 Jahre, es ist fast schon eine Erfolgsgeschichte.

Nachbemerkung

Wie seine Vorläufer *Das große Der Die Das* (1986/88) und »Das Verschwinden der Sexualmoral« (1996/98) ist auch dieses Buch aus Vorlesungen und Vorträgen hervorgegangen, die ich in den letzten Jahren gehalten habe. *Das neue Der Die Das* erschien zum ersten Mal 2004 im Psychosozial-Verlag. Die hier vorgelegte Neuausgabe habe ich um die Kapitel »Abschied vom Trieb« und »Kindersexualität und sexuelle Entwicklung« erweitert. Die anderen Kapitel wurden in dem Umfang überarbeitet, die der Fortgang der wissenschaftlichen und öffentlichen Diskussion über Sexualität erforderte.

Frau Christina Schmidt, Lektorin des Psychosozial-Verlags, möchte ich für die Sorgfalt und für viele Anregungen bei der Herstellung des Buches herzlich danken.

Frühjahr 2014
Gunter Schmidt

Literatur

Amato, Paul R. & Booth, Alan (1997): A generation at risk. Growing up in an era of family upheaval. Cambridge/London (Harward University Press).

Amendt, Günter (1970): Sexfront. Frankfurt a.M. (März).

Amendt, Günter (1974): Haschisch und Sexualität. Eine empirische Untersuchung über die Sexualität Jugendlicher in der Drogensubkultur. Stuttgart (Enke).

Amendt, Günter (1980): Nur die Sau rauslassen? Sexualität konkret, 23–30. Nachdruck in: Amendt, Günter; Schmidt, Gunter & Sigusch, Volkmar (2011).

Amendt, Günter (2010): Sexueller Missbrauch von Kindern. Merkur. Deutsche Zeitschrift für europäisches Denken. 64, 161–1172. Nachdruck in: Amendt, Günter; Schmidt, Gunter & Sigusch, Volkmar (2011).

Amendt, Günter; Schmidt, Gunter & Sigusch, Volkmar (2011): Sex tells. Sexualforschung als Gesellschaftskritik. Hamburg (KVV konkret).

Anders, Günther (1986): Lieben gestern. Notizen zur Geschichte des Fühlens. München (Beck).

Ariès, Philippe (1984): Liebe in der Ehe. In: Ariès, Philippe & Béjin, André (Hg.) (1984).

Ariès, Philippe & Béjin, André (Hg.) (1984): Die Masken des Begehrens und die Metamorphosen des Sinnlichkeit. Frankfurt a.M. (Fischer).

Attwood, Feona (2006): Mode und Leidenschaft. Frauen und die Vermarktung von Sex. Zeitschrift für Sexualforschung 19, 118–132.

Bancroft, John (Hg.) (2003a): Sexual development in childhood. Bloomington (Indiana University Press).

Bancroft, John (2003b): Masturbation as a marker of sexual development. Two studies 50 years apart. In: Bancroft, John (Hg.) (2003a).

Bataille, Georges (1963): Der heilige Eros. Neuwied (Luchterhand).

Baudrillard, Jean (1992): Von der Verführung. München (Matthes und Seitz).

Bauman, Zygmunt (1995): Postmoderne Ethik. Hamburg (Hamburger Edition).

Bauman, Zygmunt (1998): Über den postmodernen Gebrauch der Sexualität. In: Schmidt, Gunter & Strauß, Bernhard (Hg.) (1998).

Bauman, Zygmunt (2003): Flüchtige Moderne. Frankfurt a.M. (Suhrkamp).

Bech, Henning (1997): When men meet. Homosexuality and modernity. Cambridge (Polity Press).

Bech, Henning (2000): Gendertopia. Briefe von h. Zeitschrift für Sexualforschung 13, 212–242.

Beck, Ulrich & Beck-Gernsheim, Elisabeth (1990): Das ganz normale Chaos der Liebe. Frankfurt a.M. (Suhrkamp).

Beck, Ulrich & Beck-Gernsheim, Elisabeth (Hg.) (1994): Riskante Freiheiten. Frankfurt a.M. (Suhrkamp).

Beck-Gernsheim, Elisabeth (1994): Auf dem Weg in die postfamiliale Familie. Von der Notgemeinschaft zur Wahlverwandtschaft. In: Beck, Ulrich & Beck-Gernsheim, Elisabeth (Hg.) (1994).

Becker, Sophinette; Hauch, Margret & Leiblein, Helmut (Hg.) (2009): Sex, Lügen und Internet. Sexualwissenschaftliche und psychotherapeutische Perspektiven. Gießen (Psychosozial-Verlag).

Bozon, Michel (2001): Sexuality, gender and the couple. A sociohistorical perspective. Annual Review of Sex Research 12, 1–32.

Bozon, Michel & Kontula, Osmo (1998): Sexual initiation and gender in Europe. A cross-cultural study analysis in the Twentieth Century. In: Hubert, Michael; Bajos, Nathalie & Sandfort, Theo (Hg.) (1998).

Bradley, Susan et al. (1998): Experiment of nurture. Ablatio penis at two months, sex reassignment at 7 months, and a psychosexual follow-up in young adulthood. Pediatrics 102, 1–5.

Brauck, Markus (2013): Moralische Irrfahrt. Der Spiegel Nr. 40, 30.9., S. 138f.

Bruns, Claudia & Walter, Tilmann (Hg.) (2004): Von Lust und Schmerz. Eine historische Anthropologie der Sexualität. Köln (Böhlau).

Bundeszentrale für gesundheitliche Aufklärung (Hg.) (2010): Jugendsexualität: Repräsentative Wiederholungsbefragung von 14- bis 17-Jährigen und ihren Eltern. Aktueller Schwerpunkt Migration. Köln (Bundeszentrale für gesundheitliche Aufklärung).

Christensen, Harold T. (1966): Scandinavian and American sex norms: Some comparisons with sociological implications. The Journal of Social Issues 22, Heft 2.

Clement, Ulrich (1997): Sexuelle Sucht als Phantasiestörung. Zeitschrift für Sexualforschung 10, 185–196.

Clement, Ulrich (2004): Systemische Sexualtherapie. Stuttgart (Klett-Cotta).

Colapinto, John (2002): Der Junge, der als Mädchen aufwuchs. München (Goldmann).

Dannecker, Martin (1987a): Die Lust am Verbot. In: Dannecker, Martin (1987b).

Dannecker, Martin (1987b): Das Drama der Sexualität. Frankfurt a.M. (Athenäum).

Dannecker, Martin & Sigusch, Volkmar (Hg.) (1984): Sexualtheorie und Sexualpolitik. Ergebnisse einer Tagung. Stuttgart (Enke).

Dannecker, Martin & Reiche, Reimut (1974): Der gewöhnliche Homosexuelle. Frankfurt a.M. (Fischer).

DeCecco, John P. & Parker, David A. (Hg.) (1995): Sex, cells and same sex desire. The biology of sexual preferences. New York (Haworth Press).

Düring, Sonja (1993): Über sequentielle Homo- und Heterosexualität. Zeitschrift für Sexualforschung 7, 193–202.

Enzensberger, Hans Magnus (Hg.) (1969): Frau, Familie, Gesellschaft. Kursbuch 17. Frankfurt a.M. (Suhrkamp).

Faderman, Lillian (1981): Surpassing the love of men. Romantic friendship and love between women from the Renaissance to the present. New York (William Morrow).

Foucault, Michel (1977): Sexualität und Wahrheit. Erster Band. Der Wille zum Wissen. Frankfurt a.M. (Suhrkamp).

Freud, Sigmund (1905): Drei Abhandlungen zur Sexualtheorie. Leipzig und Wien (Deuticke).

Friedeburg, Ludwig von (1953): Die Umfrage in der Intimsphäre. Stuttgart (Enke).

Gagnon, John H. (1998): »Sexual conduct« revisited. Zeitschrift für Sexualforschung 11, 353–366.

Gagnon, John H. & Simon, William (1973): Sexual conduct. The social sources of human sexuality. Chicago (Aldine).

Garfinkel, Harold (1967): Studies in ethnomethodology. Englewood Cliffs (Prentice Hall).

Geuter, Ulfried (1994): Homosexualität in der deutschen Jugendbewegung. Frankfurt a.M. (Suhrkamp).

Giddens, Anthony (1993): Wandel der Intimität. Sexualität, Liebe und Erotik in modernen Gesellschaften. Frankfurt a.M. (Fischer).

Giese, Hans & Schmidt, Gunter (1968): Studenten-Sexualität. Verhalten und Einstellung. Reinbek (Rowohlt).

Grau, Günter (2011): Lexikon der Homosexuellenverfolgung 1933–1945. Institutionen, Personen, Betätigungsfelder. Berlin (Lit Verlag).

Haavio–Mannila, Elina; Kontula, Osmo & Rotkirch, Anna (2002): Sexual lifestyles in the Twentieth Century. A research study. Basingstoke (Palgrave).

Haensch, Dietrich (1969): Repressive Familienpolitik. Sexualunterdrückung als Mittel der Politik. Reinbek (Rowohlt).

Haug, Frigga (1994): Zur Einführung. Versuch einer Rekonstruktion der gesellschaftstheoretischen Dimension der Missbrauchsdebatte. In: Holzkamp, Klaus (Hg.) (1994).

Heintze, Bettina (Hg.) (2001): Geschlechtersoziologie. Köln (Westdeutscher Verlag).

Herrn, Rainer (2009): Magnus Hirschfeld (1868–1935). In: Sigusch, Volkmar & Grau, Günter (Hg.) (2009).

Herzog, Dagmar (2005): Die Politisierung der Lust. Sexualität in der deutschen Geschichte des 20. Jahrhunderts. München (Siedler).

Hirschauer, Stefan (1993): Die soziale Konstruktion der Transsexualität. Über die Medizin und den Geschlechtswechsel. Frankfurt a.M. (Suhrkamp).

Hirschauer, Stefan (2001): Das Vergessen des Geschlechts. Zur Praxeologie einer Kategorie sozialer Ordnung. In: Heintze, Bettina (Hg.) (2001).

Hoeltje, Bettina (1996): Kinderszenen. Geschlechterdifferenz und sexuelle Entwicklung im Vorschulalter. Stuttgart (Enke).

Hollway, Wendy & Jefferson, Tony (1998): »A kiss is just a kiss«. Date rape, gender and subjectivity. Sexualities 1, 405-423.

Holzkamp, Klaus (Hg.) (1994): Sexueller Missbrauch. Widersprüche eines öffentlichen Skandals. Forum Kritische Psychologie, Heft 33. Hamburg (Argument-Verlag).

Houellebecq, Michel (1999): Elementarteilchen. Köln (DuMont).

Hubert, Michael; Bajos, Nathalie & Sandfort, Theo (Hg.) (1998): Sexual behaviour and HIV/AIDS in Europe. Comparison of national surveys. London (UCL Press).

Kannmacher, Jochen (1983): Aspekte sexueller Sozialisation anhand zweier empirischer Untersuchungen an westdeutschen Studenten. Diss. Hamburg.

Kaplan, Louise J. (1991): Weibliche Perversionen. Hamburg (Hoffmann und Campe).

Kaufmann, Jean-Claude (2002): Singlefrau und Märchenprinz. Über die Einsamkeit moderner Frauen. Konstanz (UVK).

Kessler, Suzanne J. (1998): Lessons from the intersexed. New Brunswick (Rutgers University Press).

Kessler, Suzanne J. & McKenna, Wendy (1978): Gender. An ethnomethodological approach. New York (Wiley).

Kinsey, Alfred; Pomeroy, Wardell B.; Martin, Clyde E. & Gebhard, Paul H. (1953): Sexual behavior in the human female. Philadelphia und London (Saunders).

Klusmann, Dietrich (2000): Sexuelle Wünsche und die Dauer der Beziehung. In: Gunter Schmidt (Hg.) (2000).

Knopf, Marina (1993): Sexuelle Kontakte zwischen Frauen und Kindern. Überlegungen zu einem nicht realisierbaren Forschungsprojekt. Zeitschrift für Sexualforschung 6, 23–35.

Kommune 2 (1969): Kindererziehung in der Kommune. In: Enzensberger, Hans Magnus (Hg.) (1969).

König, Ralf (1994a): 3 ½ Stunden. In: König, Ralf (1994b).

König, Ralf (1994b). ... und das mit links! Berlin (Janssen).

Krafft-Ebing, Richard von (1886): Psychopathia sexualis. Eine klinisch-forensische Studie. Stuttgart (Enke).

Laufer, Moses & Laufer, M. Eglé (1989): Adoleszenz und Entwicklungskrise. Stuttgart (Klett-Cotta).

Lautmann, Rüdiger (2002): Soziologie der Sexualität. Erotische Körper, intimes Handeln und Sexualkultur. Juventa (Weinheim und München).

Lautmann, Rüdiger (2004): »Ich schreibe einen Anti-Schelsky!« Zeitschrift für Sexualforschung 17, 362–374.

Leiblum, Sandra & Rosen, Ray C. (Hg.) (2000): Principles and practice of sex therapy. New York (Guilford).

Lindemann, Gesa (1993): Das paradoxe Geschlecht. Transsexualität im Spannungsfeld von Körper, Leib und Gefühl. Frankfurt a.M. (Fischer).

Marcuse, Herbert (1967): Triebstruktur und Gesellschaft. Frankfurt a.M. (Suhrkamp).

Martens, Gunter (2003): Friedrich Hölderlin. Reinbek (Rowohlt).

Martyniuk, Urszula (2013): Sexuelle Erfahrungen von Jugendlichen im Web 2.0. In: Matthiesen, Silja (2013).

Martyniuk, Urszula; Dekker, Arne & Matthiesen, Silja (2013): Sexuelle Interaktionen von Jugendlichen im Internet. Medien und Kommunikationswissenschaften 61, 327–344.

Matthiesen, Silja (2013): Jugendsexualität im Internetzeitalter. Eine qualitative Studie zu sozialen und sexuellen Beziehungen von Jugendlichen. Köln (Bundeszentrale für gesundheitliche Aufklärung).

Matthiesen, Silja & Dekker, Arne (2000): Sexuelle Grenzverletzungen und Gewalterfahrungen. In: Schmidt, Gunter (Hg.) (2000).

Matthiesen, Silja & Schmidt, Gunter (2009): Sexuelle Erfahrungen und Beziehungen adoleszenter Frauen. Zeitschrift für Sexualforschung 22, 97–120.

Matthiesen, Silja; Block, Karin; Mix, Svenja & Schmidt, Gunter (2009): Schwangerschaft und Schwangerschaftsabbruch bei minderjährigen Frauen. Köln (Bundeszentrale für sexuelle Aufklärung).

Matthiesen, Silja; Martyniuk, Urszula & Dekker, Arne (2011): »What do girls do with porn?« Ergebnisse eine Interviewstudie, Teil 1. Zeitschrift für Sexualforschung 24, 326–352.

Meirowski, E. & Neisser, A. (1912): Eine neue sexualpädagogische Statistik. Zeitschrift zur Bekämpfung der Geschlechtskrankheiten 12, 1–38.

Moll, Albert (1909): Das Sexualleben des Kindes. Berlin (Walther).

Money, John (1986): Love maps. New York (Irvingstone).

Money, John & Ehrhardt, Anke A. (1975): Männlich – weiblich. Die Entstehung der Geschlechtsunterschiede. Reinbek (Fowohlt).

Money, John & Lamacz, Margaret (1989): Vandalized lovemaps. Paraphilic outcome of seven cases in pediatric sexology. Buffalo, New York (Prometheus).

Montegazza, Paolo (1891): Die Physiologie der Liebe. Berlin (Fried).

Moynihan, Ray (2003): The making of a disease. Female sexual dysfunction. British Medical Journal 326, 45–47.

Nádas, Peter (1994): Von der himmlischen und von der irdischen Liebe. Berlin (Rowohlt).

Oosterhuis, Harry (2000): Stepchildren of nature. Krafft-Ebing, psychiatry, and the making of sexual identity. Chicago und London (The University of Chicago Press).

Peuckert, Rüdiger (2012): Familienformen im sozialen Wandel (8. Aufl.). Wiesbaden (Springer VS).

Plummer, Kenneth (1996): Foreword. Symbols of change. In: Simon, William (1996).

Plummer, Kenneth (1997): Telling sexual stories. Zeitschrift für Sexualforschung 10, 69–81.

Potts, Annie (2000): Coming, coming, gone. A feminist deconstruction of heterosexual orgasm. Sexualities 3, 55–76.

Rademakers, Jany (2003): Body awareness and physical intimacy: An exploratory study. In: John Bancroft (Hg.) (2003a).

Rainwater, Lee (1966): Some aspects of lower class sexual behavior. Journal of Social Issues 22 (2), 96–108.

Reich, Wilhelm (1932): Der Einbruch der Sexualmoral. Zur Geschichte der sexuellen Ökonomie. Berlin (Verlag für Sexualpolitik).

Reich, Wilhelm (1933). Massenpsychologie des Faschismus. Kopenhagen (Verlag für Sexualpolitik).

Reiter, Michel (1999): Menschen denken polar, die Natur ist es nicht. Geschlecht als sozialer Code. Intersexualität zwischen Widerstand und Auslöschung. Zeitschrift für politische Psychologie, 37–54.

Retzer, Arnold (2009): Lob der Vernunftehe. Eine Streitschrift für mehr Realismus in der Ehe. Frankfurt a.M. (Fischer).

Reynolds, Meredith A.; Herbenick, Debra L. & Bancroft, John (2003): The nature of childhood sexual experience: Two studies 50 years apart. In: Bancroft, John (Hg.) (2003a).

Robert Koch Institut (Hg.) (2013): HIV-Infektionen und AIDS-Erkrankungen in Deutschland. Epidemiologisches Bulletin Nr. 24 (17. Juni).

Schiefelbein, Dieter (1992): Wiederbeginn der juristischen Verfolgung homosexueller Männer in der Bundesrepublik Deutschland. Die Homosexuellen-Prozesse in Frankfurt am Main 1950/51. Zeitschrift für Sexualforschung 5, 59–73.

Schmerl, Christiane; Soine, Stefanie; Stein-Hilbers, Marlene & Wrede, Birgitta (Hg.) (2000): Sexuelle Szenen. Inszenierungen von Geschlecht und Sexualität in modernen Gesellschaften. Opladen (Leske und Budrich).

Schmidt, Gunter (1978): Letter to the editor. Archives of Sexual Behavior 7, 73–75.

Schmidt, Gunter (1984): Kurze Entgegnung auf Volkmar Siguschs »Lob des Triebes«. In: Dannecker, Martin & Sigusch, Volkmar (Hg.) (1984).

Schmidt, Gunter (1988a). Das große Der Die Das. Über das Sexuelle. Reinbek (Rowohlt).

Schmidt, Gunter (1988b): Aids, Moral und Volksgesundheit, oder »Ändere dein Leben oder du wirst sterben«. In: Schmidt (1988a).

Schmidt, Gunter (1989): Homosexuelle Pädophilie. Konkret Nr. 3, 32.

Schmidt, Gunter (Hg.) (1993): Jugendsexualität. Sozialer Wandel, Gruppenunterschiede, Konfliktfelder. Stuttgart (Enke).

Schmidt, Gunter (1996a): Die neuen »Sex surveys«. Zeitschrift für Sexualforschung 9, 158–165.

Schmidt, Gunter (1998a): Sexuelle Verhältnisse. Über das Verschwinden der Sexualmoral. Reinbek (Rowohlt).

Schmidt, Gunter (1998b): »Wir sehen immer mehr Lustlose«. Zum Wandel sexueller Klagen. Familiendynamik 23, 348–365.

Schmidt, Gunter (1999): Über die Tragik pädophiler Männer. Zeitschrift für Sexualforschung 12, 133–139. Nachdruck in: Amendt, Günter; Schmidt. Gunter & Volkmar Sigusch (2011).

Schmidt, Gunter (Hg.) (2000): Kinder der sexuellen Revolution. Kontinuität und Wandel studentischer Sexualität 1966–1996. Gießen (Psychosozial-Verlag).

Schmidt, Gunter (2004): Zur Sozialgeschichte jugendlichen Sexualverhaltens in der zweiten Hälfte des 20. Jahrhunderts. In: Bruns, Claudia & Walter, Tilmann (Hg.) (2004).

Schmidt, Gunter (2009a): Fantasien der Jungen, Phantasmen der Alten. In: Becker, Sophinette; Hauch, Margret & Leiblein, Helmut (Hg.) (2009).

Schmidt, Gunter (2009b): Alfred C. Kinsey (1894–1956). In: Sigusch, Volkmar & Grau, Günter (Hg.) (2009).

Schmidt, Gunter (2009c): John Money (1921–2006). In: Sigusch, Volkmar & Grau, Günter (Hg.) (2009).

Schmidt, Gunter & Matthiesen, Silja (2003): Spätmoderne 60-Jährige. BzgA Forum, Heft 1/2, 16–24.

Schmidt, Gunter & Matthiesen, Silja (2011): »What do boys do with porn?« Ergebnisse einer Interviewstudie, Teil 2. Zeitschrift für Sexualforschung 24, 353–378.

Schmidt, Gunter; Matthiesen, Silja; Dekker, Arne & Starke, Kurt (2006): Spätmoderne Beziehungswelten. Report über Partnerschaft und Sexualität in drei Generationen. Wiesbaden (VS Verlag für Sozialwissenschaften).

Schmidt, Gunter & Strauß, Bernhard (Hg.) (1998). Sexualität und Spätmoderne. Über den kulturellen Wandel der Sexualität. Stuttgart (Thieme). Nachdruck (2001), Gießen (Psychosozial-Verlag)

Schnarch, David (2000): Desire problems. A systemic perspective. In: Leiblum, Sandra & Rosen, Ray C. (Hg.) (2000).

Schorsch, Eberhard (1993a): Perversion, Liebe, Gewalt. Stuttgart (Enke).

Schorsch, Eberhard (1993b): Die Stellung der Sexualität in der psychischen Organisation des Menschen. In: Schorsch, Eberhard (1993a).

Schwarzer, Alice (1975): Der kleine Unterschied und seine großen Folgen. Frankfurt a.M. (Fischer).

Schwarzer, Alice & Amendt, Günter (1980): Alice Schwarzer im Gespräch mit Günter Amendt. Wie frei macht Pädophilie? Emma, 1980(4).

Schweizer, Katinka (2012): Identitätsbildung und Varianten der Geschlechtsidentität. In: Schweizer, Katinka & Richter-Appelt, Hertha (Hg.) (2012a).

Schweizer, Katinka & Richter-Appelt, Hertha (Hg.) (2012a): Intersexualität kontrovers. Grundlagen, Erfahrungen, Positionen. Gießen (Psychosozial-Verlag).

Schweizer, Katinka & Richter-Appelt, Hertha (2012b): Behandlungspraxis gestern und heute. Vom »optimalen« Geschlecht zur individuellen Indikation. In: Schweizer, Katinka & Richter-Appelt, Hertha (Hg.) (2012a).

Sigusch, Volkmar (1984): Lob des Triebes. In: Dannecker, Martin & Sigusch, Volkmar (Hg.) (1984).

Sigusch, Volkmar (1995): Geschlechtswechsel. Hamburg (Rotbuch).

Sigusch, Volkmar (1996): Die Zerstreuung der Eros. Der Spiegel 23, 126–130.

Sigusch, Volkmar (2000): Karl Heinrich Ulrichs. Der erste Schwule der Weltgeschichte. Berlin (Rosa Winkel).

Sigusch, Volkmar (Hg.) (2001a): Sexuelle Störungen und ihre Behandlung (3. Aufl.). Stuttgart (Thieme).

Sigusch, Volkmar (2001b): Kultureller Wandel der Sexualität. In: Sigusch, Volkmar (Hg.) (2001a).

Sigusch, Volkmar (2005): Neosexualitäten. Über den kulturellen Wandel von Liebe und Perversion. Frankfurt a.M. (Campus).

Sigusch, Volkmar (2008): Geschichte der Sexualwissenschaft. Stuttgart (Campus).

Sigusch, Volkmar (2010): Das Kind begehrt, aber nicht den Erwachsenen. Der Freitag vom 7.4.

Sigusch, Volkmar (2013): Sexualitäten. Eine kritische Theorie in 99 Fragmenten. Frankfurt a.M. (Campus).

Sigusch, Volkmar & Gremliza, Hermann (Hg.) (1979–1986): Sexualität konkret, Heft 1–7. Hamburg (konkret Verlag).

Sigusch, Volkmar & Gremliza, Hermann (Hg.) (1980): Sexualität konkret, Sammelband 1. Frankfurt a.M. (Zweitausendeins).

Sigusch, Volkmar & Gremliza, Hermann (Hg.) (1984): Sexualität konkret, Sammelband 2. Frankfurt a.M. (Zweitausendeins).

Sigusch, Volkmar & Grau, Günter (Hg.) (2009): Personenlexikon der Sexualforschung. Frankfurt a.M. (Campus).

Sigusch, Volkmar & Schmidt, Gunter (1973): Jugendsexualität. Dokumentation einer Untersuchung. Stuttgart (Enke).

Simon, William (1995): Devianz als Geschichte. Die Zukunft der Perversionen. Zeitschrift für Sexualforschung 8, 101–121.

Simon, William (1996): Postmodern sexualities. London (Routledge).

Simon, William (1999): »Desire is a fuzzy matrix«. Zeitschrift für Sexualforschung 12, 362–373.

Simon, William & Gagnon, John H. (2000): Wie funktionieren sexuelle Skripte? In: Schmerl, Christiane et al. (Hg.) (2000).

Stoller, Robert J. (1975): Perversion. The erotic form of hatred. New York (Pantheon); deutsche Übersetzung: Perversion. Die erotische Form von Hass (1979/ 1998). Reinbek/Gießen (Rowohlt/Psychosozial-Verlag).

Stoller, Robert J. (1979). Sexual excitement. Dynamics of erotic life. New York (Pantheon).

Stoller, Robert J. (2009). Sweet dreams. Erotic plots. London (Karnak).

Tiefer, Leonore (1994): Sex is not a natural act. Zeitschrift für Sexualforschung 7, 36–42.

Ulrichs, Karl Heinrich (1994) (1864–1879): Forschungen über das Räthsel mannmännlicher Liebe. 4 Bände. Berlin (Rosa Winkel).

Voß, Heinz-Jürgen (2013): Biologie und Homosexualität. Theorie und Anwendung im gesellschaftlichen Kontext. Münster (Urast Verlag).

Walter, Franz & Klecha, Stephan (2013): Pädophilie-Debatte. Irrwege des Bürgerrechtsliberalismus. SpiegelOnline, 28.8. URL: http://www.spiegel.de/politik/deutschland/paedophilie-debatte-irrwege-des-buergerrechtsliberalismus-a-918872.html (Stand: 11.02.2014).

Weeks, Jeffrey (1995): Invented moralities. Sexual values in an age of uncertainty. Cambridge (Polity Press).

Weeks, Jeffrey (2003): Sexuality (second edition). London (Routledge).

Weeks, Jeffrey (2004): »Homosexualität und Heterosexualität sind doch nur Fiktionen ...«. Zeitschrift für Sexualforschung 17, 60–69.

Weeks, Jeffrey; Heaphy, Brian & Donovan, Catherine (2001): Same sex intimacies. Families of choice and other life experiments. London (Routledge).

Weininger, Otto (1980/1903): Geschlecht und Charakter. Eine prinzipielle Untersuchung. München (Matthes und Seitz).

Wermann, Anja & Matthiesen, Silja: Jugendsexualität und Migration. In: Matthiesen, Silja (2013).

Willi, Jürg (2002): Psychologie der Liebe. Persönliche Entwicklung durch Partnerbeziehungen. Stuttgart (Klett-Cotta).

Zielcke, Andreas (2011): Sexuelle Freiheitsberaubung. Assange und das späte Nein im Bett. Süddeutsche Zeitung, Nr. 9 vom 13. Januar, S. 9.

Agatha Merk (Hg.)

Cybersex

Psychoanalytische Perspektiven

2014 · 264 Seiten · Broschur
ISBN 978-3-8379-2252-3

Sexualität im Internet ist inzwischen zu einem eigenen Forschungsgegenstand geworden, der sich so schnell, dynamisch und kontrovers entwickelt wie das Internet und die Informationstechnologien selbst. Die Psychoanalyse hält mit ihrem erweiterten Verständnis von Sexualität und

Fantasie ausgezeichnete Konzepte bereit, um die Bedeutung und Funktion der über das Internet ausgelebten Sexualität besser zu verstehen. Die Erkenntnisse aus Theorie und Klinik der Psychoanalyse werden in diesem Band durch kulturwissenschaftliche Betrachtungen und Befunde aus Sexualwissenschaft und Forensik ergänzt. Zur Diskussion stehen Fragen wie: Welche Rolle spielt das Internet im Kontext von Fantasien, Wünschen, der Suche nach Lust, Sexualität und zwischenmenschlicher Beziehung? Unter welchen Bedingungen wird das Internet zu kreativem Probehandeln genutzt und wann steht sein Gebrauch im Zeichen des Verlustes einer lebendigen Beziehung zur Wirklichkeit?

Mit Beiträgen von Martin Dannecker, Rotraut De Clerck, Natalia Erazo, Jérôme Endrass, Astrid Rossegger, Bernd Borchard, Michael Günter, Agatha Merk, Heinz Müller-Pozzi, Michael Pfister, Ilka Quindeau, Reimut Reiche, Thomas Umbricht und einem Geleitwort von Ulrich Moser

Walltorstr. 10 · 35390 Gießen · Tel. 0641-969978-18 · Fax 0641-969978-19
bestellung@psychosozial-verlag.de · www.psychosozial-verlag.de

Ilka Quindeau
Sexualität

2014 · ca. 140 Seiten · Broschur
ISBN 978-3-8379-2155-7

»Nirgends sind die Schwierigkeiten, denen sich der Arzt gegenübersieht, so groß wie auf sexuellem Gebiet. Sobald er mit irgendeinem damit in Beziehung stehenden Problem zu tun hat, kann er nicht umhin, seine eigenen Ansichten und Überzeugungen darüber zu enthüllen.«
Michael Balint, 1964

Seit Beginn gilt das Sexuelle als Schlüsselbegriff der Psychoanalyse und ist nach wie vor von zentraler Bedeutung für jede therapeutische Beziehung. Ausgehend von Freuds Drei Abhandlungen stellt Quindeau die Grundlagen der psychoanalytischen Sexualtheorie dar und diskutiert folgende Fragen: Wie kommt die Lust in den Körper und was versteht man heute unter männlicher und weiblicher Sexualität? Ist die Unterscheidung von Hetero- und Homosexualität überhaupt sinnvoll? Wie kann in Therapien über Sexualität gesprochen werden und wie kann man sexuelle Störungen verstehen und behandeln? Das Buch vermittelt Grundlagenwissen und lädt dazu ein, die eigenen Ansichten zu hinterfragen und sie in Auseinandersetzung mit dem psychoanalytischen Theoriebestand zu konturieren.

Walltorstr. 10 · 35390 Gießen · Tel. 0641-969978-18 · Fax 0641-969978-19
bestellung@psychosozial-verlag.de · www.psychosozial-verlag.de

Cora C. Steinbach

Masochismus – Die Lust an der Last?

Über Alltagsmasochismus, Selbstsabotage und SM

2012 · 317 Seiten · Broschur
ISBN 978-3-8379-2230-1

Um ein erfolgreiches Leben zu führen, gilt es, einen liebevollen Umgang mit sich selbst zu pflegen, befriedigende Beziehungen gestalten zu können und seine Fähigkeiten in förderliche Taten umzusetzen.

Doch statt selbst-(wert-)dienlichem Denken und Handeln dominiert häufig ein negativer innerer Dialog, der nicht selten in selbstsabotierende Handlungen mündet – sei es im Hinblick auf die Gesundheit, die Partnerwahl oder den Beruf. Dies ist aber nur eine Ausprägung des von der Autorin analysierten facettenreichen Phänomens: Masochismus umfasst sowohl nicht-sexuelle als auch sexuelle Formen, die sich je unterschiedlich auf das Leben auswirken.

Die vorliegende qualitative Studie nähert sich der Vielfalt an Masochismen mit folgenden Fragestellungen an: Woher kommt masochistisches Denken und Verhalten? Welche Lebensereignisse können zu einer sexuellen masochistischen Neigung beitragen? Wann wird Masochismus pathologisch? Mit welchen Hindernissen ist dann bei einer Therapie zu rechnen?

»Diesem Buch ist ein großer Leserkreis zu wünschen, denn es bietet sowohl für Fachleute als auch für Laien sehr aufschlussreiche und zum Weiterdenken anregende Inhalte.«

Prof. Dr. Wolfgang Mertens

Walltorstr. 10 · 35390 Gießen · Tel. 0641-969978-18 · Fax 0641-969978-19
bestellung@psychosozial-verlag.de · www.psychosozial-verlag.de

Wolfgang Berner
Perversion

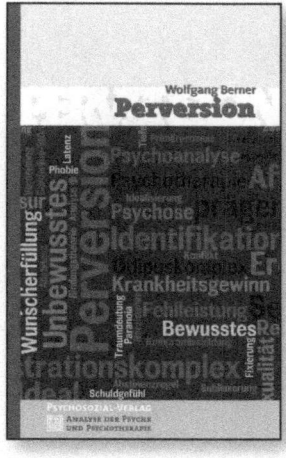

2011 · 139 Seiten · Broschur
ISBN 978-3-8379-2067-3

Das Studium der Perversionen eröffnete Freud tiefe Einsichten in die Funktionsweise von Sexualität und Erotik, die für seine Theoriebildung über die menschliche Psyche von entscheidender Bedeutung waren.

Viele dieser Einsichten haben bis heute ihre Gültigkeit, viele wurden inzwischen ergänzt und differenziert. Heute wird der Begriff der Perversion im Kontext der Psychiatrie kaum mehr verwendet, sondern zunehmend durch die Bezeichnungen »Paraphilie« oder »Störung der Sexualpräferenz« ersetzt. Dennoch bezeichnen diese Termini keine identischen Phänomene, wie der Autor in der Auseinandersetzung mit den Gründen der Neudefinition anschaulich darlegt.

Ein zentrales Anliegen des Bandes ist es, zu zeigen, dass und wie die klassische Psychoanalyse – etwa bei Fetischismus, Exhibitionismus oder Sadismus – hilfreich sein kann. Dabei werden die für eine Perversionstherapie notwendigen Parameter betrachtet und auch weitere mögliche Therapieformen vorgestellt.

Walltorstr. 10 · 35390 Gießen · Tel. 0641-969978-18 · Fax 0641-969978-19
bestellung@psychosozial-verlag.de · www.psychosozial-verlag.de

Thorsten Benkel, Fehmi Akalin (Hg.)

**Soziale Dimensionen
der Sexualität**

Karin Flaake

**Körper, Sexualität
und Geschlecht**

Studien zur Adoleszenz junger Frauen

*2010 · 393 Seiten · Broschur
ISBN 978-3-8379-2010-9*

*2011 · 276 Seiten · Broschur
ISBN 978-3-8379-2174-8*

In der modernen Gesellschaft ist Sexualität in Recht, Wirtschaft und Religion ebenso ein Thema wie in Kunst, Erziehung und in den Massenmedien. Auch die Soziologie, die sich lange Zeit, von wenigen Ausnahmen abgesehen, durch eine auffällige Abstinenz gegenüber diesem Gegenstandsbereich ausgezeichnet hat, nimmt sich mittlerweile der vielfältigen Dimensionen der sexuellen Kommunikation an. Dies darf als Indikator für ein verändertes Verständnis sowohl der Soziologie als auch der Sexualität gewertet werden. Der vorliegende Band bündelt soziologische Analysen zu grundlegenden Fragen der Sexualität in der Gesellschaft und ihrem Wandel sowie zu einzelnen Phänomenen wie Liebe, Geschlechterdifferenz, Jugendsexualität, Pornografie, Prostitution und Voyeurismus.

Die weibliche Adoleszenz erweist sich als in hohem Maße sozial geprägt und gesellschaftlich vermittelt. Karin Flaake zeigt, wie die sich entwickelnde Körperlichkeit und Sexualität junger Frauen die Beziehungen und Interaktionen in der Familie und mit Gleichaltrigen verändert und welche Bedeutung dabei Freundinnen und erwachsenen Frauen außerhalb der Familie sowie den ersten erotisch-sexuellen Beziehungen zukommt. Die Studien basieren auf psychoanalytisch orientierten Gesprächen mit 13- bis 19-jährigen jungen Frauen und Eltern.

»Ein mehr als empfehlenswertes Buch für alle, die im Alltag mit jungen Mädchen und deren Eltern zu tun haben, aber auch für Neugierige, die weibliche Adoleszenz wirklich von innen heraus analytisch besser verstehen möchten.«
*Martina Christlieb in
Psychodynamische Psychotherapie*

Walltorstr. 10 · 35390 Gießen · Tel. 0641-969978-18 · Fax 0641-969978-19
bestellung@psychosozial-verlag.de · www.psychosozial-verlag.de

Psychosozial-Verlag

Alexandra Köbele

Ein Junge namens Sue

Transsexuelle erfinden ihr Leben

Katinka Schweizer,
Hertha Richter-Appelt (Hg.)

Intersexualität kontrovers

Grundlagen, Erfahrungen, Positionen

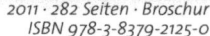

2011 · 282 Seiten · Broschur
ISBN 978-3-8379-2125-0

2012 · ca. 520 Seiten · Broschur
ISBN 978-3-8379-2188-5

Die Geschichte unseres Lebens erzählen wir unterschiedlich. Möglicherweise haben Familie, Schulerfahrungen, Karriere und Freundschaften mit unserer Identität nicht annähernd so viel zu tun wie das Thema der geschlechtlichen Identität – die für die meisten Menschen selbstverständlich ist –, und alle anderen Themen werden auf dieser Basis gesehen. Fünf Transsexuelle schildern ihren Lebensweg vor dem Hintergrund ihrer Geschlechtsidentität und konstruieren ihre Biografie rund um den Wunsch und die Notwendigkeit, das Körpergeschlecht dem empfundenen, der inneren Identität anzupassen. Sie zeigen ungewöhnliche Wege der Identitätsfindung.

Auf der ganzen Welt leben zahlreiche Menschen, die nicht eindeutig einem biologischen Geschlecht zuzuordnen sind – sie sind intersexuell. Der vorliegende Band versammelt aktuelles Grundlagenwissen für ein vertieftes Verständnis des tabuisierten Phänomens und seiner verschiedenen Erscheinungsformen. Internationale Wissenschaftler, Praktiker und Experten geben in trans- und interdisziplinären Beiträgen einen differenzierten Einblick in die kontroversen Positionen im medizinischen, psychosozialen und gesellschaftlichen Umgang mit Intersexualität. Ein informativer Anhang mit wichtigen Adressen, Literatur- und Filmhinweisen ergänzt die verständliche und umfassende fachliche Diskussion.

Walltorstr. 10 · 35390 Gießen · Tel. 0641-969978-18 · Fax 0641-969978-19
bestellung@psychosozial-verlag.de · www.psychosozial-verlag.de

Psychosozial-Verlag

Elmar Brähler, Hermann J. Berberich (Hg.)

**Sexualität und
Partnerschaft im Alter**

Irene Berkel (Hg.)

Postsexualität

Zur Transformation des Begehrens

*2009 · 202 Seiten · Broschur
ISBN 978-3-89806-760-7*

*2009 · 195 Seiten · Broschur
ISBN 978-3-8379-2009-3*

Sexualität und Partnerschaft werden häufig als ein Privileg der Jüngeren gesehen. Doch auch für alte Menschen spielen diese Bedürfnisse eine wichtige Rolle. Die Gesellschaft tut sich allerdings immer noch schwer, dies zu akzeptieren und offen zu thematisieren. Die Beiträge des Bandes beleuchten verschiedene Aspekte sexueller und partnerschaftlicher Probleme im Alter und behandeln diese unter psychologischen, medizinischen und soziologischen Gesichtspunkten. Bislang vernachlässigte Perspektiven werden thematisiert: von der weiblichen Sicht auf sexuelle Probleme über die spezifischen Probleme der Paartherapie im Alter bis hin zu schwulen und lesbischen Beziehungen.

Die Entbindung der Sexualität aus der Fortpflanzung verändert das Verhältnis der Geschlechter und der Generationen zueinander, die Praktiken des (sexuellen) Genießens und der Fortpflanzung. Der Wandel begegnet uns einerseits in der Sexualisierung des öffentlichen Raums und der sozialen Kommunikation, andererseits in Phänomenen der Entsexualisierung.

Der Band versammelt Beiträge aus Philosophie, Kultur-, Sexual- und Filmwissenschaft, aus Psychoanalyse und Kunst, die das Auftauchen postsexueller Erscheinungen vor dem Hintergrund der religiösen, historischen, sozioökonomischen und psychosexuellen Entwicklungen beleuchten.

Walltorstr. 10 · 35390 Gießen · Tel. 06 41 - 96 99 78 - 18 · Fax 06 41 - 96 99 78 - 19
bestellung@psychosozial-verlag.de · www.psychosozial-verlag.de